シリーズ「遺跡を学ぶ」048

新泉社

最古の農村

板付遺跡

山崎純男

最古の農村
―板付遺跡―

山崎純男

【目次】

第1章　最古の水田発見

1　最古の水田発見

新聞に「縄文晩期の水田発見」の見出し

一九七八年五月二九日、発掘現場は朝から興奮の渦に包まれていた。発掘調査区のまわりに人だかりができている。調査どころではない。読売新聞朝刊の一面トップに「縄文晩期の水田発見―『稲作は弥生から』の定説を覆す」と記事が載ったためである。

ここは板付の台地を横断するように新設された県道五〇五号線をはさんで設定された発掘現場（図1）。発掘調査は中断、説明に追われて一日が終わってしまった。

その日から見学者がひっきりなしに押しかけて来た。全国から多くの考古学者も見学に訪れた。そのたびに説明をする。忙しい、緊張した毎日である。調査を進めるために、説明要員を配置し、見学者に対応した。

すでに五月の連休前、朝日新聞に「板付に水田遺構――『稲作は縄文終末期から』に物証」と、やはり一面トップに掲載されていた。記事のなかに載った、弥生時代初頭の水田面に残った弥生人の足跡に、九州大学教授の岡崎敬《たかし》が靴を脱いで自分の足を入れている写真が印象的だった。この二千数百年前の足跡は多くの人びとに興味を起こさせた。

それからマスコミ各社の取材合戦がはじまり、発掘現場には張り番の記者が出入りしてにぎやかになった。そうしたなかでの五月二九日の読売新聞の特ダネ記事である。見学者が急増したのも無理はなかった。

水稲農耕を証明する遺物

それ以後、発掘調査では重要遺物の出土が相次いだ。弥生早期の水田で栽培されたと考えられる炭化米が、水田脇から十数粒まとまって出土した。土器編年でいうと「突帯《とったい》文《もん》土器単純期」にあたる。

これを先の新聞記事などは「縄文晩期」としている。突

図１ ●水田発掘のようす
弥生前期初頭の上層の水田面に残された足跡の調査。
作業員の後に水田を縦走している足跡がある。

帯文土器を縄文時代の最終末とするか弥生時代の初頭とするかは学界で議論があるが、ここでは水稲農耕の開始を弥生時代のはじまりとみて、突帯文土器単純期を弥生早期、従来の弥生時代のはじまりであった板付《いたづけ》Ⅰ式土器、突帯文土器共伴期を弥生前期初頭とする。

また、水田を耕す両端に刃がついた鍬《くわ》や水田の土をならすエブリ、石斧《せきふ》・鍬の柄といった木製農耕具の未製品が、中心となる水路からまとまって出土した。そこは水路が一段深くなっている場所で、完成する前の用材を水漬けする遺構と推測された。この遺構の底からは、石鎌と考えられる石器の未完成品も出土した。

さらに、イネの収穫道具である石包丁《いしぼうちょう》が、水田の畦畔《けいはん》から水田面にかけて三片に分かれて出土した。この三片は合わせると一つの石包丁になったが、完全には元の形にならず、孔を含めた一角が欠損していた（図2）。割れ口には摩滅の痕もみられる。す

図2 ● 割れた石包丁
この石包丁は欠損した後も使用したらしく、右側が摩滅している。写真右端の破片は、この欠けた石包丁の右側下端に接合。左側の破片はやや離れた畦畔の近くにあった。

なわち、二つに割れた後も一孔のまま使用したが、さらに割れてしまったので、畔《あぜ》に向かって投げ捨てたのであろう。この石包丁を使っていた人の悔しさが伝わってくるようだ。

こうして水田と栽培された稲、木製の農耕具、収穫具の石包丁がそろったことで、現代にまで連綿とつづく水稲農耕がおこなわれていたことが完全に証明されたのである。

2　福岡平野の拠点集落

飛行機が福岡空港に着陸しようとするとき、空港の南西方向すぐ近くに、ビルと住宅が密集した都会の風景のなかに、環濠をめぐらせたなかに竪穴住居が復元された空間がひときわ目立ってみえる。ここが板付遺跡だ（図３）。

ここは福岡平野のやや東に偏った中央部で、平野の東側を北流する御笠川《みかさがわ》と諸岡川《もろおかがわ》にはさまれた独立台地である（図４）。

河川によって土砂が運ばれ堆積してできた周囲の肥沃な沖積地《ちゅうせきち》は約八〇万平方メートルにおよび、さらに東側を流れる那珂川《なかがわ》との間には、板付遺跡の北西に比恵《ひえ》・那珂遺跡群、南西に奴《な》国《こく》王の墓と目される須玖岡本《すくおかもと》遺跡、南東の福岡国際空港内には雀居《ささい》遺跡、南東の月隈《つきぐま》丘陵には金隈《かねのくま》遺跡と、弥生時代の著名な遺跡が集中している地域である。

板付遺跡はその奴国の中心部に位置し、福岡平野の中心をなす拠点集落、最古の農村遺跡である。

図 3 ● 板付遺跡の航空写真
右下、板付遺跡の西側には団地が建設され、周囲も人家にとり囲まれている。遺跡の一部が史跡として整備されている。東側に流れるのは御笠川、写真上方は博多湾。

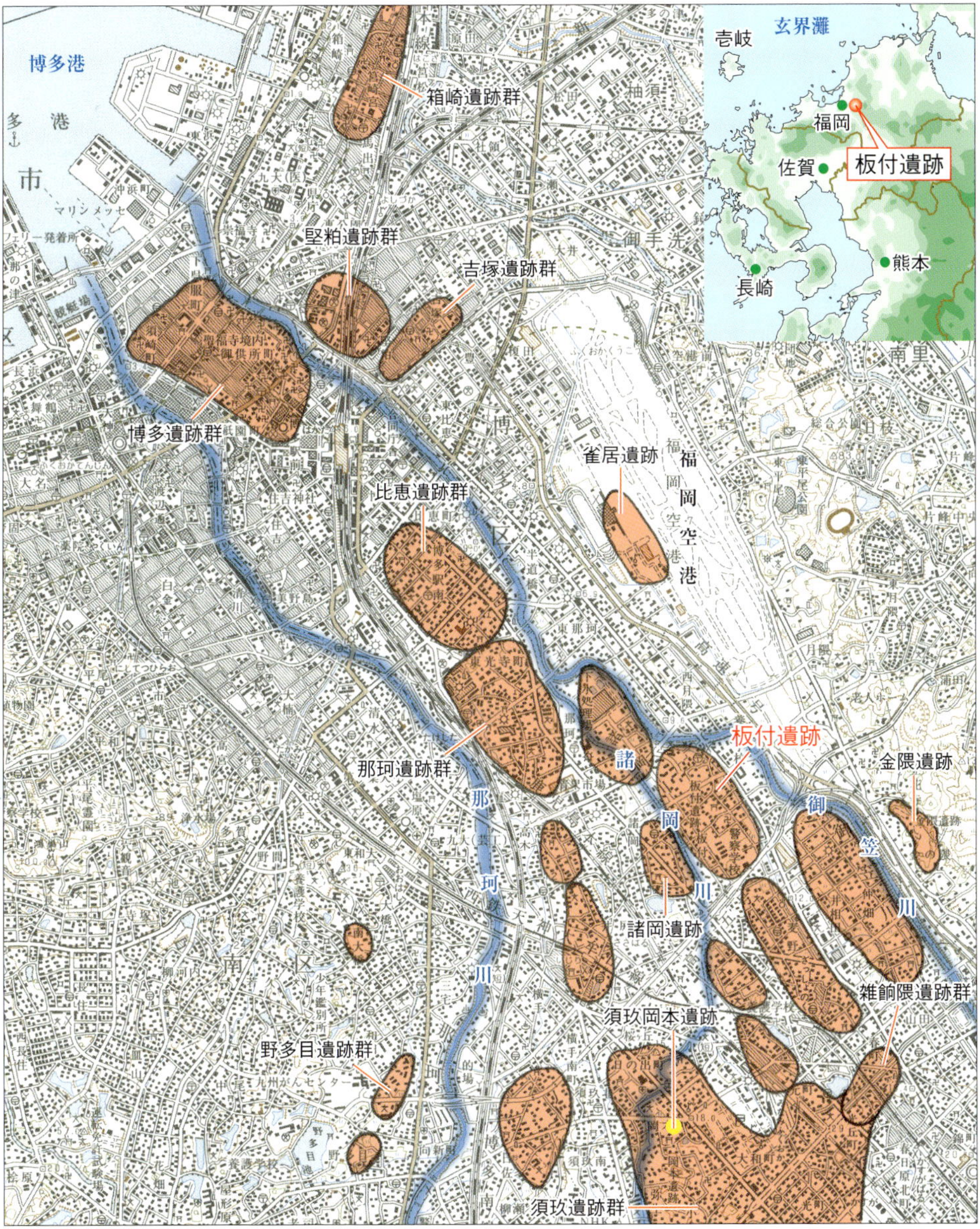

図４ ● 板付遺跡と周辺の遺跡
福岡平野のほぼ中央、平野の北側を北流する御笠川の左岸、福岡空港の南西に位置する。周囲には須玖岡本遺跡をはじめ、比恵・那珂・雀居遺跡など弥生時代の著名な遺跡が存在する。

3　最古の水田発見への道のり

埋納銅矛の発見

板付遺跡の発見はかなり古い。遺跡の中心地にあった通津寺《つうしんじ》の過去帳には、一八六七年（慶応三）一月五日に銅矛《どうほこ》が五本出土したことが記されている。現在の所見からすると、これらの銅矛は埋納されていた可能性が高い。これらの銅矛は現存せず、過去帳にも細かい記載や図面がないのでどのようなものであったかまったくわからないが、他遺跡の埋納例から推測すると、広形《ひろがた》銅矛か中広《ちゅうびろ》銅矛であった可能性がある。

出土場所については、江戸時代に目印として植えられた松はすでになく、遺跡の整備前の確認調査で場所を追求したが、特定することはできなかった。過去帳の記載からすれば、後章で説明する環濠の内側に埋納されていたことになる。

なお、弥生時代の遺跡ではないが、一八二八年（文政一一）にできた『筑前国続風土記拾遺』の那珂郡板付村の項には、板付台地南端に板付八幡古墳があったことが記されている。

甕棺の出土

近代になって一九一六年（大正五）、通津寺の南東にあたる田端《たばた》の地で、地上げその他の用土を採掘するために掘削されたとき、合わせ口の甕棺《かめかん》六基が出土、そのうちの三基から計六口の銅矛、銅剣がみつかった。それを翌年、福岡周辺の遺跡の現地踏査をしていた、九州考古学の草分けで九州大学医学部教授の中山平次郎が調査して報告している。その後、田端の墓地の正確な場所は明らかでないが、場所も含めて詳細は後章で述べよう。

中原志外顕の表採遺物

板付遺跡の研究が大きな転換を迎えるのは戦後、一九五〇年一月一五日のことだ。この日、地元の考古学研究者中原志外顕《しげあき》は、板付遺跡のゴボウ畑から刻目突帯文土器と前期初頭の遠賀《おんが》川《がわ》式土器を同時に採集した。中原はそのときの感動を次のように述べている。

「それまでそのあたりはちょいちょい行っていたから顔なじみでね。ばあちゃんがいい人でね。畑に入ってもおこらんでくさ。その畑はゴボウ畑で、正月用のゴボウを深く掘っとんしゃったと。じゃけん、いっしょんたくりに、弥生前期の土器も夜臼《ゆうす》式土器も引っ張りだしてしもうとんしゃったい。パアーとね。やったー。ついにヤッターと思うた。（中略）土器を洗って箱に入れて翌日岡崎敬さんとこに飛んで行ったよ」

中原の感動が伝わってくるようである。ちょうどこのころ、日本考古学界では縄文時代から弥生時代への移行期、弥生文化の生成に関心が集まり、大きな問題とされていた。弥生時代の研究者、とくに九州の考古学者は縄文時代終末期の土器と弥生時代初頭の土器が出土する遺跡を探していたのである（図５・６）。中原の感動は問題の所在をよく認識したうえでの感動であった。

中原から示された土器をみて、九州大学考古学研究室の助教授であった岡崎敬はびっくりした。待ち望んでいた遺跡が発見され、そこから出土した遺物が目の前にあるのである。岡崎は翌年一月に中原と発見場所を試掘、あらためて大規模な調査の必要を感じた。

岡崎は教授の鏡山猛《たけし》や、当時福岡高校の教諭であった森貞次郎らと協議のうえ、日本考古学協会弥生式土器文化総合研究特別委員会（委員長・杉原荘《そう》介《すけ》）の事業の一環として採択してもらい、一九五一年から五四年までの四カ年にわたり発掘が計画された。板付遺跡の本格的調査のはじまりである。

日本考古学協会の調査

一九五一年八月一七日からはじまった本格調査には、弥生時代研究のそうそうたるメンバーが全国から集った。参加者の一部を紹介すると、杉原荘介、大塚初重《はつしげ》、岡本勇、増田精一、曽野寿彦《としひこ》、原口正三、金関丈夫《たけお》、金関恕《ひろし》、佐藤敏也《としや》、地元九州から鏡山猛、森貞次郎、乙益《おとます》重隆、渡辺正気《せいき》、岡崎敬らである。

図5 ● 刻目突帯文土器のセット（有田七田前遺跡出土）
弥生早期の土器のセット。甕・壺・浅鉢・高杯からなる。壺を除いて縄文土器の系譜を引いているのがわかる。この時期に日本列島に水稲農耕が伝播したと考えられる。

四カ年にわたる調査の成果は、一つには大規模な濠状遺構を発掘したことである（図7）。濠は台地に沿って南北に掘削された弧状濠と、それから派生した、ちょうど弓の弦にあたるところに直線的に延びた弦状濠がある。

この調査で確認された弧状濠は一〇八メートル、そのうち約七〇メートルが発掘されている。濠幅は南端で二メートル、北端で四・五メートルあり、深さは一様でない。断面はV字形、一部U字形をなすところもある。

弦状濠は全長五四メートル、中間の二三・五メートルが未発掘だがほぼ一直線をなす。幅は一・五～二メートル、深さは一メートル前後、鋭いV字形断面をしている。底面は北に向かって傾斜し、南端は弧状濠と接することなく直線的に鋭い傾斜で終わっている。こうした濠は弥生前期において予想もされなかったものである。濠の内外には貯蔵穴が存在し、調査では二九基が確認された。

図６ ● **板付Ⅰ式土器のセット**（板付遺跡出土）
これまで弥生時代最古の土器とされてきた土器。
以後の弥生土器の基本形が確立された。

このほかにも、突帯文土器と板付Ⅰ式土器の共伴した出土、太形蛤刃《ふとがたはまぐりば》石斧《せきふ》・扁平片刃《へんぺいかたば》石斧・柱状片刃《ちゅうじょうかたば》石斧・石剣・石包丁といった大陸系磨製石器、炭化米の出土などから稲作がおこなわれていたことがわかり、弥生時代のはじまりの姿が明らかになってきたのである。

環濠集落の全貌解明への執念

その後、この濠状遺構の全貌を追究する発掘調査が進められた。まず一九六八年、日本考古学協会農業部会の発掘調査が明治大学を中心に実施され、濠《ほり》の両端を調査した。

翌六九年には、日本考古学協会農業部会と福岡市教育委員会の合同調査が実施され、環濠内に前期後半の住居址一棟（図8）、中期の井戸二基が確認され、前年から進められた濠の確認調査によって、濠は径九〇メートルの環濠になることが確認された。

一九七〇年には、福岡県教育委員会が県道五〇五号線拡幅にともなう事前調査を実施、七本

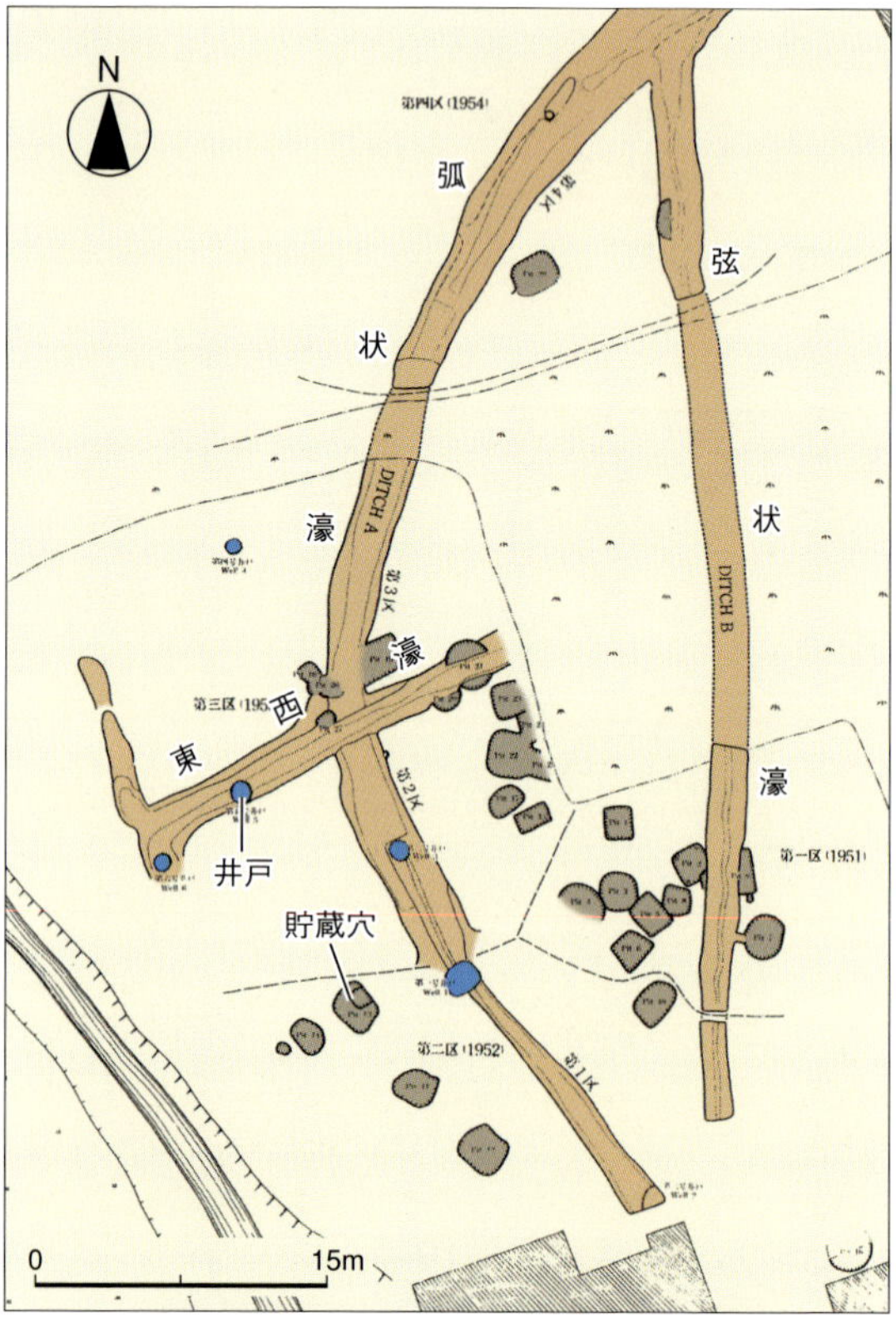

図7 ● 日本考古学協会の調査で明らかにされた遺構
弧状の濠とそれから分岐した弦状濠がみつかり、それらの濠に区画された部分で、多くの貯蔵穴が調査されている。中期の井戸、甕棺もみつかった。

の試掘トレンチで発掘をおこない、環濠南側と貯蔵穴二基が確認された。そして一九七四年、明治大学教授の杉原荘介を中心に、不明であった環濠南端部のトレンチ調査が実施され、環濠が通津寺を中心に楕円形にめぐることを確認し、板付環濠の全貌がほぼ明らかになったのである（図9）。

こうして日本考古学協会の調査からじつに二四年、四半世紀かけて日本最古の環濠の全貌がわかったのである。杉原荘介をはじめとする明治大学の、弥生時代とはどんな時代だったかを解明しようとした熱い思いが伝わってくる。

その一方、板付遺跡の周辺の都市化にともなう開発について、一九七一年から福岡市教育委員会による緊急調査が開始される。この一連の調査で、台地上の集落遺構をはじめ、台地の南北の低地では水田遺構が確認された。

そして冒頭に紹介した、一九七八年の日本最古の水田の発見につながるのである。

図8 ● 1969年の調査で確認された竪穴住居址
写真中央の、調査区の壁にかかるように長方形に白線がひかれた部分が住居址で、床面に柱穴がみられる。

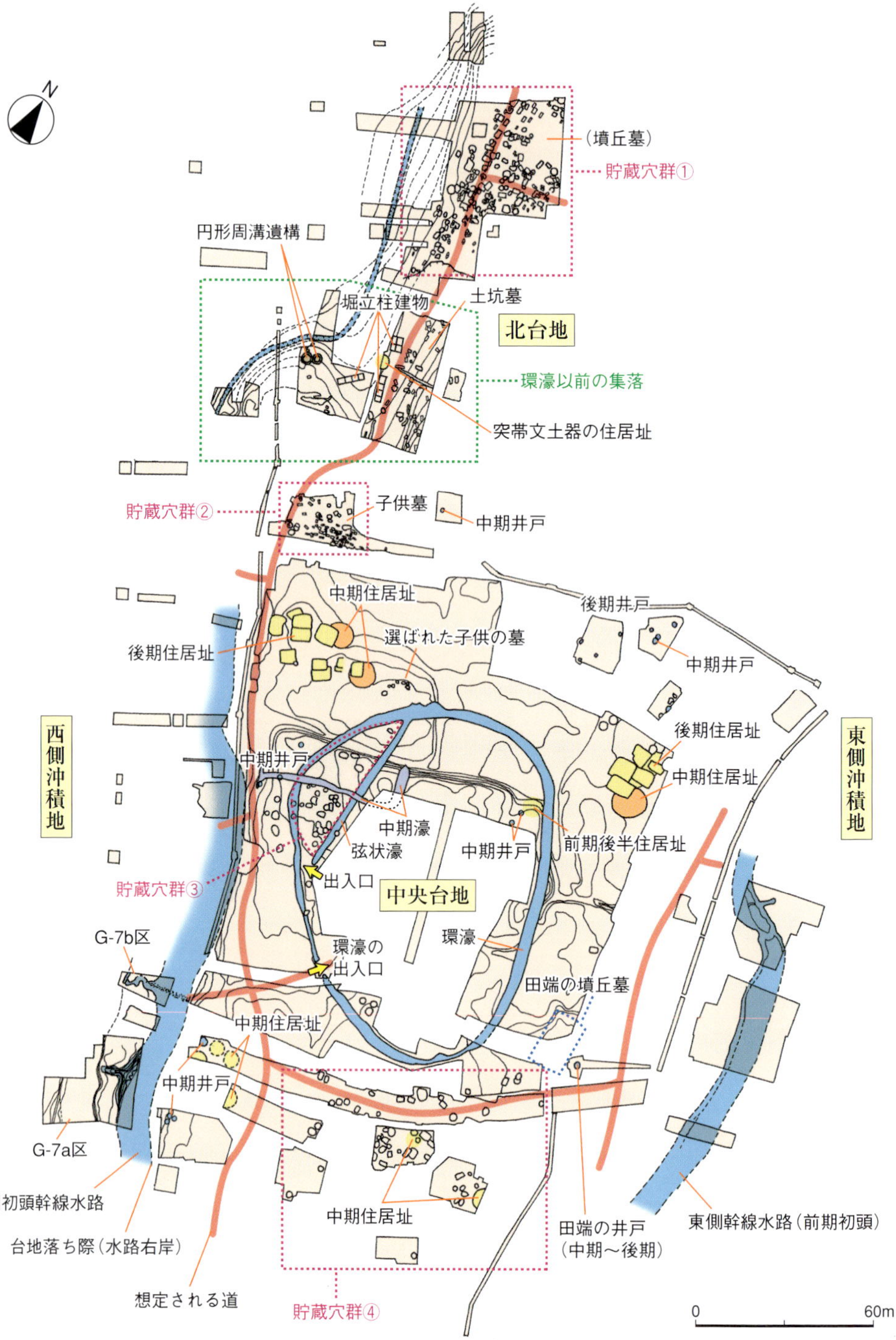

図 9 ● 板付遺跡の発掘の全貌

板付台地は南台地、中央台地、北台地に分かれ、弥生時代の前半期には主に中央台地から北台地にかけて展開している。集落は環濠・貯蔵穴群・墓地から構成され、水田は一部、東側にもあるが、主たる水田は西側の沖積地である。

(南台地は本図のさらに南側。図中のベージュ色の箇所が発掘調査した場所)

第2章　濠に囲まれた集落

1　環濠集落以前の集落

板付の台地と周辺の沖積地が本格的に開発されるのは、これまでは縄文時代の終末期の夜臼式土器と弥生時代初頭の板付Ⅰ式土器の共伴する段階とされてきたが、第1章に述べた水田遺構の調査成果から、その開始は刻目突帯文土器単純期、すなわち弥生早期までさかのぼることがわかった。

では、この弥生早期の最初の集落はどこにあったのだろうか。その解決はついていないが、可能性ある遺構が最近わかってきた。それは北台地西側の一帯である（図9参照）。

板付の台地はほぼ平坦であまり起伏はないが、全体には南から北に向かって緩やかに傾斜している。そのなかにあって、低い一つの尾根が西側から北西に向かって伸びるが、集落はこの先端部を含んだ一帯にあった。西側に浅い谷部が形成され、その谷部を囲むように集落が展開

図 10 ● 環濠集落以前の集落
環濠の北西約 100m に位置する早期の集落。円形の竪穴住居と掘立柱建物、円形周溝遺構、土坑墓、貯蔵穴から構成されている。

図 12 ● 豚小屋の民族例（中国東北地方）
円形に柵をめぐらせ、簡易な屋根をつけてある。朝鮮半島や中国に存在するこうした豚小屋が、円形周溝遺構の復元した姿とみて間違いなかろう。

図 11 ● 円形周溝遺構
幅 10cm 前後の狭い溝が径 3m の円形にめぐり、溝のなかに数本の柱穴がある。

している（図10）。

円形の竪穴住居址一棟が東側にあり、そのすぐ北側に二間×二間の掘立柱建物一棟、南側には一間×四間の細長い掘立柱建物一棟、この建物のすぐ西側の谷部に一間×三間の掘立柱建物一棟がある。また、谷をはさんだ西側の尾根の先端には、細かい溝が円形にまわる遺構二基がある（図11）。中国の民族例などから、家畜（豚）小屋とみられている（図12）。

この家畜小屋の南側には、貯蔵穴とやや大型の土坑が分布している。さらに南の調査区の第二号竪穴からは刻目突帯文土器が三個出土して、南側に貯蔵穴の一群があったと考えられる。また円形の竪穴住居址の東側には、土坑墓と考えられる一群が分布している。時期の決め手がないが、これらの内のいくつかには、この集落の人びとが埋葬されているとみて間違いはなかろう。

以上が、現在判明している弥生早期の最初の集落である。次章に記述する水田の状態からすると集落はやや貧弱な感じもするが、未発掘部に今後発見される可能性は高い。

2　環濠集落

卵形をした堂々たる環濠

さて弥生前期初頭になると、集落は一変して大規模になる。大きな特徴は濠に囲まれて区画された集落が出現することである。板付台地の中央部に大規模な環濠が掘削されたのである。

環濠は南北一一〇メートル、東西八一メートルの卵形をしている（図13）。

そして環濠の北西部には、直線的な濠（弦状濠）によって半月形に区画されている部分がある。弦状濠は北側中央部よりやや西側で環濠から分岐し、ほぼ南に直線的に伸び、南西部でふたたび環濠とぶつかる手前で幅五メートルの掘り残し部分があり、陸橋となっている。

また環濠自体も、南西部に幅四メートルの掘り残し部があり、陸橋となっている。

濠の規模は、場所によって異なるが、現状で幅一・五〜四・五メートル、深さ〇・七〜二・三メートルである（図14）。弥生時代以降に〇・五〜一メートル前後は削平されたと推定されるので、復元すると幅は二メートルより狭いところはなく、最大で約六メートルにも達していたと考えられる。深さは一・五メートルより浅いところはなく、最大で三メートル前後あったと考えられる。

図13 ● 環濠の全形
中央台地にあり、長径110m、短径81mの卵形をし、環濠の北西側には弦状濠が掘削されている。

また、濠の埋土の観察から、濠を掘削した際に出た土は濠の両側に土塁として盛り上げられたと考えられる。すると濠幅、深さはさらに増し、ちょっとした中世の城郭を思わせる堂々たるものであったろう（図15）。

ただ残念なのは、環濠内も削平が著しく、環濠に対応する住居址が存在せず、その構造が不明な点である。

環濠集落の出入口と道

こうして全貌をあらわした環濠は圧巻であった。黄色の鳥栖《とす》ローム層のなかに黒い濠の埋土の帯があらわれてくるさまに感激した。

しかし、私が担当した間にはとうとう環濠の出入口を確認するにはいたらなかった。担当を代わってもなかなか出てこない。確認されたのは最後の最後であった。

出入口の場所は環濠の南西部にあたり、通津寺に

図14 ● 環濠・弦状濠の断面
V字形に掘り込まれている。遺存状態の良好な部分は幅約4m、深さ2mだが、削平を考慮すれば幅は約6m、深さ3mになる。

いたる里道に一部が重なるような状態で確認された。出入口は濠が掘り残された、いわゆる陸橋であった。弦状濠の例からすると、濠は陸橋の部分でほぼ垂直に掘り込まれていた可能性が強い。

陸橋は、現状で幅四メートル、長さ二メートル。復元すると長さは少なくとも四メートル以上あったと考えられるが、陸橋の上がどのようになっていたかは、削平されてしまったためまったく手がかりがない。

ほかの環濠の例から推測すると、陸橋には出入口の門柱があったと考えられる。門柱には横木が渡され、民族例にみられるように鳥形《とりがた》が掲げられていた可能性があるが、福岡ではまだ鳥形は発見されていない。陸橋のなかほどには、光岡長尾遺跡の例のように（図17参照）、陸橋を横断するようにネズミ返しの溝が掘られていたと考えられる。

陸橋から外へは道が延びていたと考えられるが、遺構としては確認できなかった。周辺の状況から道を想定してみよう（図9参照）。

陸橋から直進すると幹線水路に設置された井堰《いせき》に出る。井堰の下流側には橋がつくられ、水田へとつづく。またこの道は、台地の西側を南北に走る道と陸橋の前で交差していたと想定される。南北に走る道は、北は台地北端の共同墓地まで延び、南は南台地まで延びていたと想像される。

幹線水路には四〇〜五〇メートル間隔で井堰が設置され、それらの井堰には橋が併設されたと考えられるが、これらの橋は西側の道と接続していたとみられる。

環濠南側の貯蔵穴群に行く道は、出入口から直接、あるいは西側を走る道から枝別れして貯蔵穴群のなかを貫き、台地東側を南北に走る道と接続していたと考えられる。

東側を南北に走る道は、東側水田と接続する道で、西側を南北に走る道と同様の役割を果たしていたと推測される。

集落と水田を結ぶ橋

集落と水田を結ぶ橋はどんな橋だったのだろうか。

井堰のすぐ下流に、井堰に関係ない杭《くい》や用材が散乱していた。杭は直径約一五センチ、現存の長さで一・一メートルで、垂直に打ち込まれている。先端が井堰の基礎をなす杭より若干上に

図 15 ● **復元された環濠**
濠を掘削した際に出た土は濠の両側に土塁として盛り上げられ、ちょっとした中世の城郭を思わせる堂々たるものであったろう。

あるので、井堰が構築されて、しばらく時間が経ってから打ち込まれたと考えられる。

同じような杭は二本あり、橋げたを構築する杭と考えられる。杭間は約三・五メートル、西側の杭から西岸（左岸）までの距離も約三・五メートルである。対応する杭は発掘区外に存在すると考えられるので、橋の幅は二メートルを若干超えると想定される。杭の周辺には井堰に平行、あるいは直交する加工材が存在していて、橋の一部をなした材とみられる。遺存状態はきわめて悪いが、ここに簡単な木橋がかけられていたとみるのが妥当だ。なお、この木橋は井堰の補強の役割も兼ねていたと考えられる。

3 貯蔵穴

板付台地の各所に貯蔵穴

板付台地の各所からみつかった大きな土坑は何かを貯蔵した穴倉と考えられる。

貯蔵穴は、上からみると方形と円形の二種類があり、断面は直立するものと、袋状に下が広がっているものがある。また、底に柱穴があるものと、他の遺跡の例であるが上に木蓋の痕跡を残すものがあることから、上に覆い屋があるものと木蓋をするだけのものがあったことがわかる（図16）。

弥生前期に属する貯蔵穴は、板付遺跡の台地上五カ所に分布している（図9参照）。それは、①北台地に分布する一群、②中央台地の北端に分布する一群、③環濠内の弦状濠で区画された一群、④環濠の南に広く分布する一群、⑤南台地の南西斜面に分布する一群である。このなかで⑤の貯蔵穴は前期後半に属し、ほかのグループより後につくられたものである。

大切な種籾を保管した環濠内の貯蔵穴

貯蔵穴でもっとも注目されるは③の貯蔵穴群である。

環濠が掘削される以前から、この場所に貯蔵穴があったことは、環濠や弦状濠で切られた貯蔵穴があることから推測することができる。この場所にあらためて濠を掘削し、貯蔵穴を区画することは、ここに存在する貯蔵穴が特別な役割をもっていたと考えられる。集落にとってもっとも大切なものは、次代に引き継ぐ

図16 ● 袋状の貯蔵穴
上：上からみると円形・楕円形で、なかは袋状に広がっている。
下：土器の出土状況。この甕に入れて保管していたとみられる。

種籾である。種籾は環濠のなかに、さらに区画して管理、貯蔵されたのである。

貯蔵法は、貯蔵穴のなかに直接、あるいは壺や甕に入れられ保管されたと考えられるが、水田水口《みなくち》や井堰に大壺が投棄されていることを考えれば、後者の可能性がより強い。

貯蔵穴を区画する施設は、後出する遺跡では、集落から独立して営まれるようになる。図17は宗像市光岡長尾遺跡の貯蔵穴を囲む環濠で、丘陵頂部に独立して位置している。環濠は径四二×四六メートルの円形、遺存状態はきわめて良好である。濠は幅三メートル、深さ二メートル、断面はV字形をしている。南北の相対する二カ所に陸橋がある。

陸橋の中央部には、陸橋を横断するように幅五〇センチ、深さ〇・七メートルの細い溝が掘り込まれている。不思議な溝である。何に使ったのであろうか。板や杭を立てかけたとすれば通路としての機能を妨げる。あれやこれやと考えても、これはという答えは出てこ

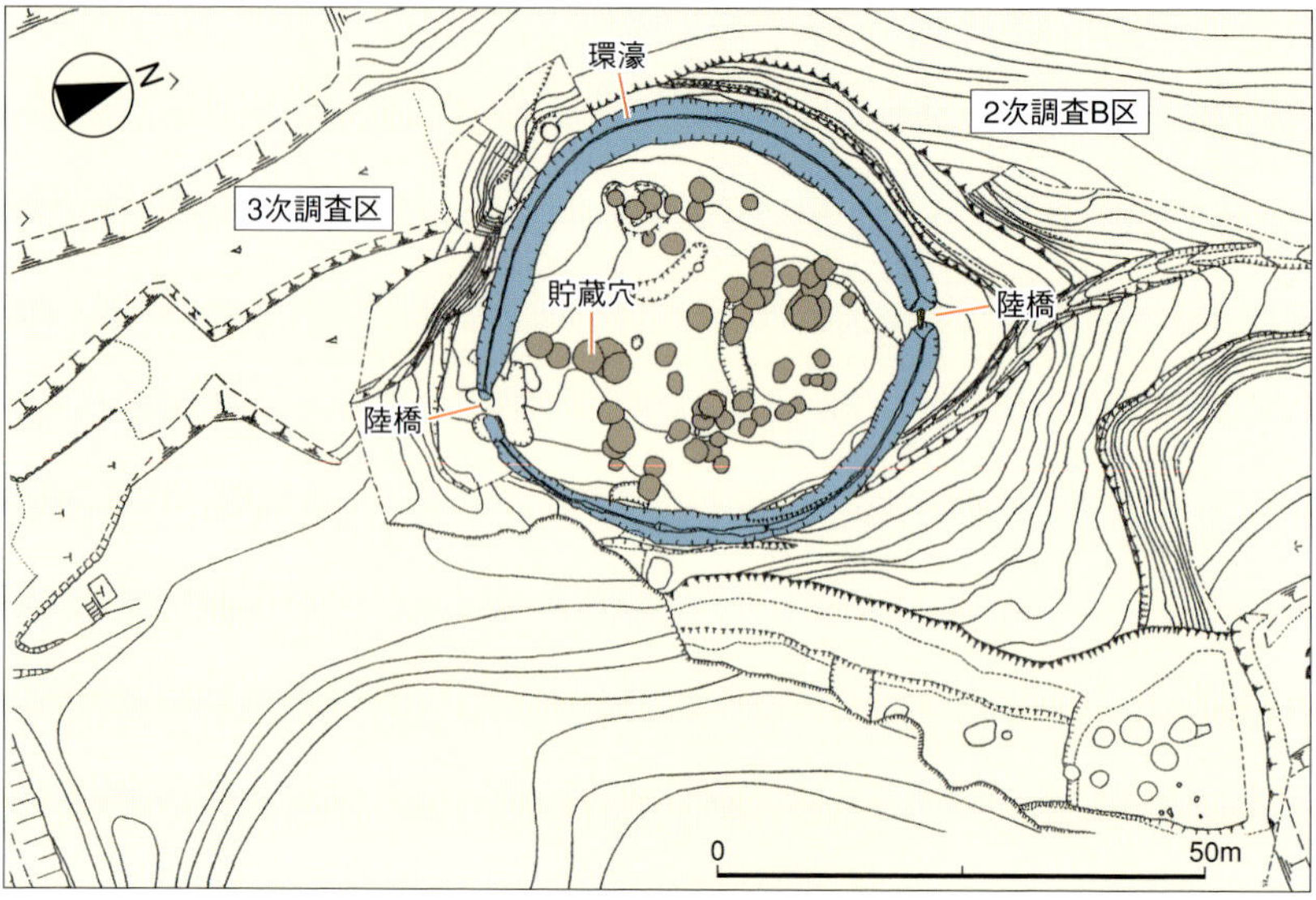

図17 ● 光岡長尾遺跡の環濠
丘陵頂部にある貯蔵穴のみを囲んだ環濠。出入口の陸橋にはネズミ返しの溝が掘り込まれている。

ない。だが、そう難しく考えなくてもよさそうである。これくらいの幅があれば穀物の害獣であるネズミは飛び越えることができない。人が歩くにしても注意さえすればじゃまにはならない。ネズミが環濠のなかに入り込まないようにするために掘り込まれた、ネズミ返しである。

弥生時代には穀物の強敵であった害獣、とくにネズミに対してはさまざまな撃退法を駆使している。高床倉庫の柱にとり付けられたネズミ返しと同じ理屈である。長尾遺跡の環濠内には約五〇基の貯蔵穴がつくられているが、竪穴住居址は一棟もない。明らかに害獣や略奪から穴倉を守るためにつくられた環濠である。

板付遺跡の二カ所の陸橋は大きく削平されているためにネズミ返しなどの施設は確認することはできないが、設置されていたことは間違いなかろう。

日常的な作業の場にあった貯蔵穴

区画内とは別に、環濠外にも貯蔵穴が存在する。①・②・④の貯蔵穴群である（図９参照）。そのなかで環濠と密接な関係にあるのは④の貯蔵穴群である。環濠南側の七〇×六〇メートルの範囲に四三基の貯蔵穴がみつかっている。未発掘部も考慮すると、一〇〇基前後の貯蔵穴が存在すると考えられる。

時期的には前期前半からはじまり、中期初頭まで存続し、環濠の時期と完全に一致している。貯蔵穴から出土する土器は小破片が多く、時期が正確に決定できない。

この貯蔵穴群が注目されるのは、多くの貯蔵穴内から炭化米が出土することである。籾が貯蔵されていて、それが火を受けて炭化した状態、すなわち炭化米が集中して出土する例は一例のみで、ほかは貯蔵穴に流れ込んだ埋土のなかに散在している状態である。また、この地域に分布する貯蔵穴は相互に切り合い関係は少なく、貯蔵穴のまわりには一定の空間が確保されている。

炭化米が流れ込んだ埋土のなかに散在している状態と考え合わせると、この場所は日常的な作業の場と考えることができる。たとえば、当時の芒《のぎ》の長い稲穂に火をつけて脱穀する「焼き落とし法」がこの場所でおこなわれ、炭化米はそのときの失敗によって生じたものである。また、三基の貯蔵穴からは完形の土器が使用当初の状態で出土している。ここで貯蔵されたのは、日常的に消費する籾を含めた日常的な食料や道具類であったと考えられる。

墓地と重複している貯蔵穴

①の貯蔵穴群は、環濠から北側に約一四〇メートル離れている。六〇×四〇メートルの範囲に一〇八基の貯蔵穴が確認・調査されている。遺構はさらに北、東側に広がっているので、数はさらに増加するとみられる。時期的には弥生前期前葉から中期初頭までで、環濠があった時期に対応している。

この場所の貯蔵穴は墓地と重複しているが、概して貯蔵穴が古い。一部、墓と並存しながら存続するが、貯蔵穴は中期初頭で終わり、墓地はその後も継続して営まれる。貯蔵穴と墓地の関係は後章で検討することにして、ここでは貯蔵穴についてみていこう（図18）。

この調査区には、北端部に遺構がまったくない一二×一二メートル以上の方形の空白部が存在しており、貯蔵穴、墓坑は明らかにこの空白部を意識した分布を示している。前期前葉の貯蔵穴は、この空白部のさらに外側に北側五メートル、西側八メートル、南側一〇メートル幅の空白帯をおいて、すなわち南北二七メートル、東西二七・五メートル以上の方形状の空白部をとり囲むように分布する。

おもに分布は南側である。貯蔵穴は方形が多く、軸線は空白部に平行ないしは直交しているものが多い。

前期中葉の貯蔵穴の分布も基本的には前葉の分布を継承しているが、前葉段階に守られていた空白帯のなかにも部分的に入り込んでくる。どのような理由があったのであろ

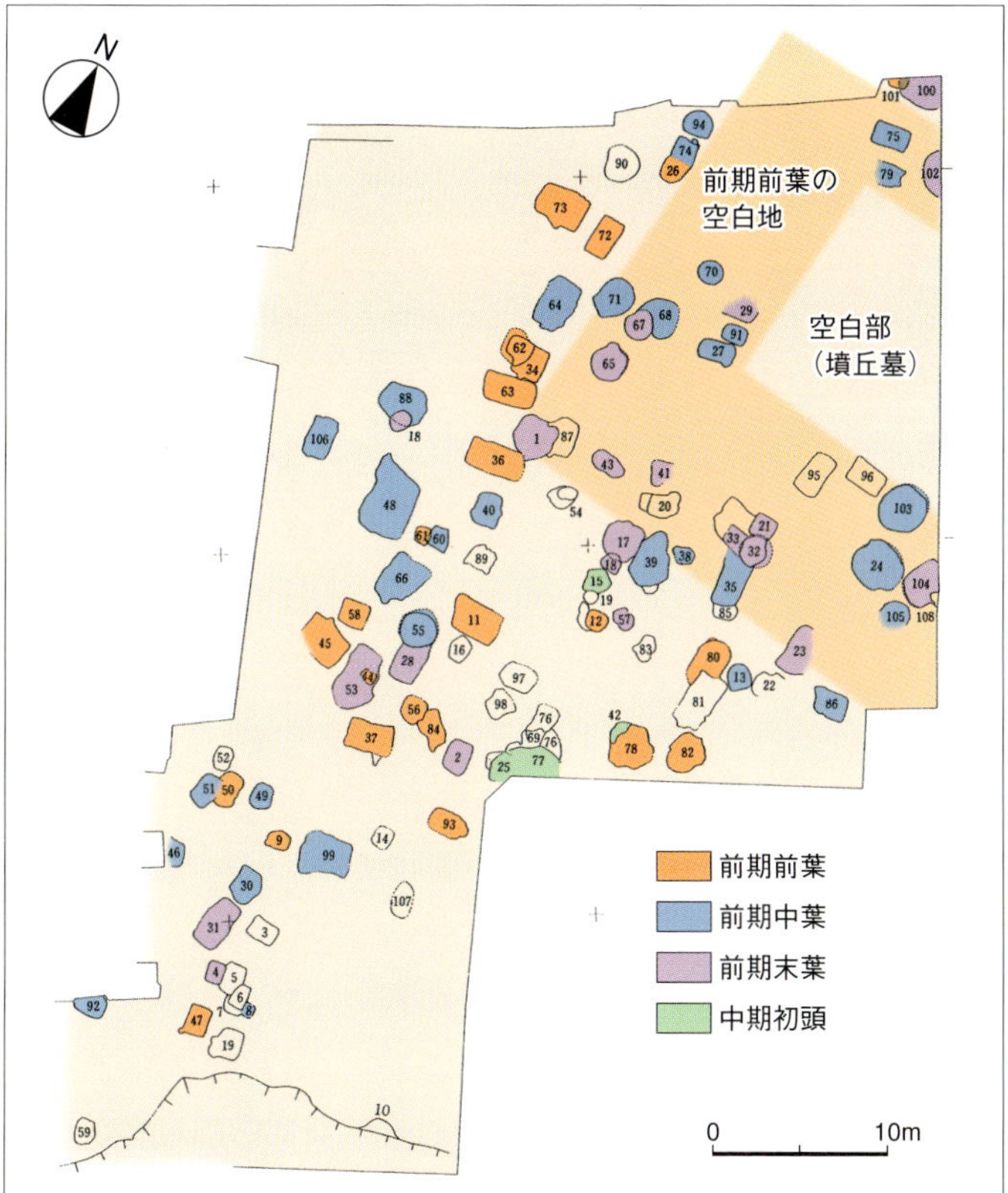

図 18 ● 北側の貯蔵穴群
北台地のもっとも北側にあり、墓と重複する。遺物が少なく性格は明らかでないが、意図的な方形の空白部があり、日常生活とは異なった性格が考えられる。

うか。前期末葉の貯蔵穴の分布も中葉の分布と同様である。中期初頭の貯蔵穴は四基が存在するだけで、分布は南に偏っている。

この場所の貯蔵穴には何が貯蔵されていたのであろうか。貯蔵穴から出土する遺物は少量の土器片と石器だが、ほかの地域の貯蔵穴の出土遺物と比較しても少ない。それに加え、貯蔵穴が集落から遠く離れていること、墓と共存していることなどを考え合わせれば、環濠南側の貯蔵穴に対して、非日常的なものとの関連性が考えられる。

4　弥生中期以降の集落

中期の住居址

さて、弥生中期以降、環濠はどうなっただろうか。環濠内から中期の土器が出土しないこと、中期後半の井戸が環濠内の埋土につくられていることから、前期につくられた環濠は中期には埋まってしまい、機能していなかったと推測することができる。そうしたなかで中期や後期の集落構造を知る手がかりとして、住居址と井戸がある。

環濠外に中期の住居址が九棟以上確認されている。分布をみると、多くが台地の東斜面と西斜面に偏っている。これは台地中央部の高いところが削られ、台地の縁辺部に比較的削平がおよんでいなかったためであろう。住居址はもともと丘陵全面に存在した可能性が高い。

環濠北側の西斜面に二棟、東斜面に一棟の竪穴住居址がみつかっている（図19）。この場所は削平が少ないことから遺構は比較的残存状態が良好で、元来の姿を保っていると推測される。また、台地の中央部は緩やかな谷部となっていて、ほとんど遺構は存在しない。

これに対し、環濠より南側では、西斜面に四棟、東斜面に二棟の竪穴住居址が比較的集中してみつかっている。

これらの住居址は削平され、中央土坑とまわりの柱穴を残すのみで、壁が残っていてもわずかにそれとわかる程度である。環濠内とその東西の斜面には現在のところ住居址は確認されていない。

井戸の分布をみると、環濠南の西斜面の住居址の集中部のまわりに四基、同じ西斜面の環濠中央部に環濠に重複して五基、環濠の北六五メートルに一基、東斜面では環濠南端部の東、田端の墳丘墓に近接して一基、環濠の中央部に環濠と重複して一基、それよりやや北の環濠内に二基、大きく北にはずれて一基の一五基が確認されている。井戸と住居は西斜面

図19 ● 中期の円形住居址
径約9mの大型の住居址。中央の土坑は攪乱によって失われているが、主柱穴は10本で円形にめぐり、壁に沿って溝がある。出入口は南に向いている。左上方は重なっている後期の長方形住居址（図21参照）。

の住居址の集中部分からみても、有機的関連性をもって分布している。

こうしてみると、中期の集落は環濠の中央部よりやや北側よりの場所と南側の台地を中心として展開したと考えられる。ただここで注意しておきたいのは、北側に分布する住居址と南側に分布する住居址の規模の違いである。

南側の住居址は径六メートル前後であるのに対し、北側の住居址は径九メートルを超える大型の円形住居址である。とくに西斜面の住居址は環濠と重複する中期の溝が北側に向かってコの字形に囲むように配置されている。この溝の北側は段落ちの削平によって消滅しているが、本来は二基の住居址を囲むものであったかもしれない。位置的にもほかの住居址と隔絶していて、特別の意味をもっていたと考えることができる。北側に遠く離れて分布する東西各一基の井戸は、これらの住居址にともなう可能性が強い。

図 20 ● 中・後期の住居址の分布
環濠の北側に分布する中・後期の竪穴住居址群。数軒が切り合っている。

後期の住居址

後期の住居址は、環濠北側に一六棟以上が確認されている。環濠から南側には存在しなかったと考えられ、当該期の遺構、遺物もほとんどない。

住居址の分布は環濠北側で二つに分かれた尾根に、それぞれ分布している。西側では中期の住居址と重複しながら九棟の住居址が、東側でも八棟の住居址が互いに切り合いながら集中している。

井戸の分布は中期とは異なり、環濠北側の東斜面に九基が集中している。墳丘墓近くの田端にある一基は中期後半に掘削され、後期にかけて存続している。住居址や井戸の分布からすると、中央台地における後期の集落は東西の二グループからなり、井戸を共有していたと考えられる。

なお、これまで南台地における遺構のあり方は不明な部分が多かったが、数次の確認調査で、その概要が明らかになりつつある。南台地への関与は前期後半にはじまり、この時期の遺構としては貯蔵穴がある。南

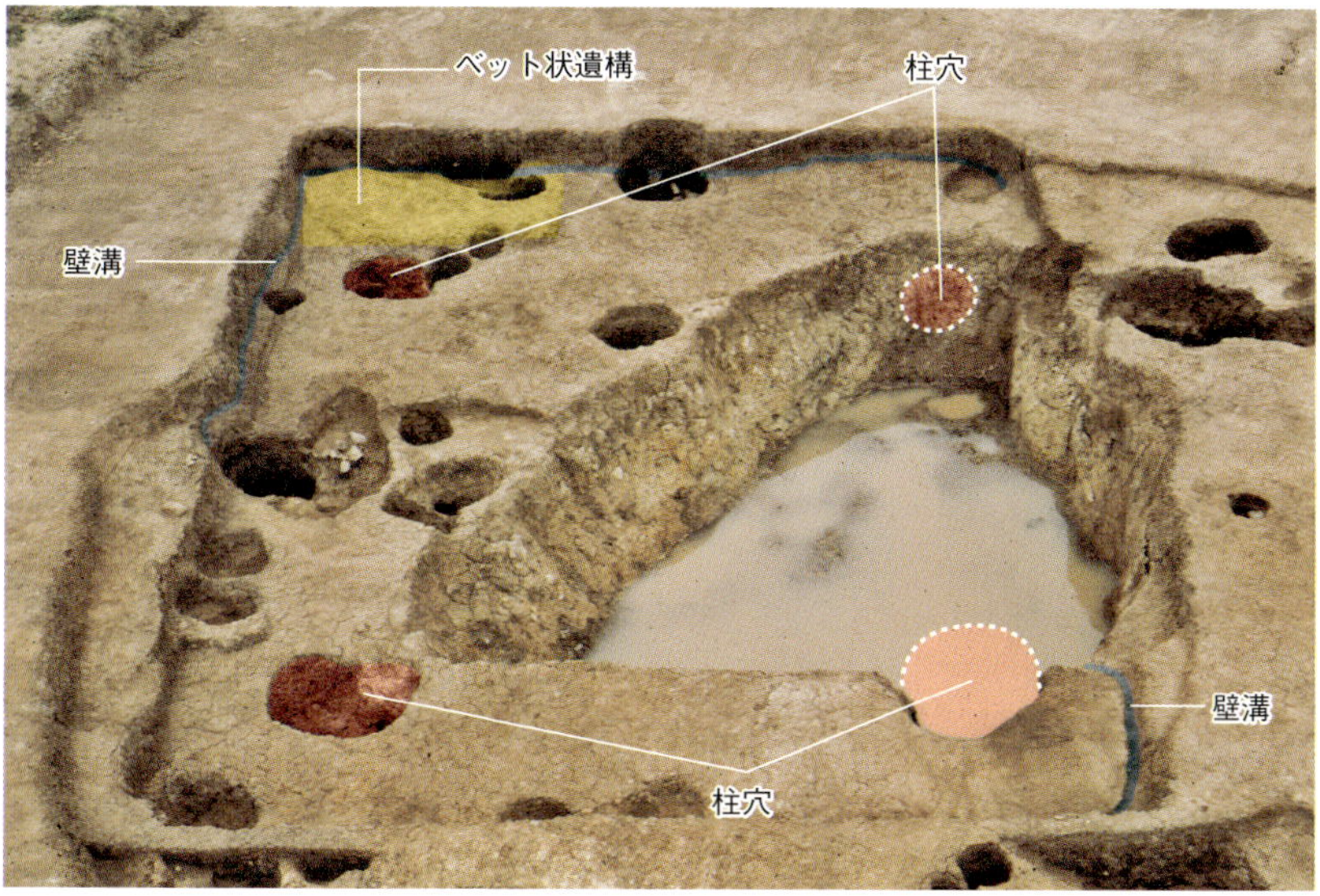

図21 ● **後期の住居址**
長方形で、主柱穴は4本、攪乱があり炉と主柱穴の1個が失われている。北西側にベッド状遺構があり、部分的に壁溝がみられる。

西部に集中していて、現在一〇基が確認されている。また台地南端部において、前期と考えられる木棺墓《もっかんぼ》一基がみつかっている。中期になると井戸が一基確認されている。さらに、弥生後期から古墳時代に属する竪穴住居址は台地中央部において一一棟が確認されている。上からみると方形で、ベッド状遺構をともなう住居址が五棟存在する。

井戸

板付遺跡の史跡指定にともなう民家の移転交渉の際のことである。一つの問題は「現在使用している井戸水を移転した新しい家に引き込めないか」ということであった。「台地上にある井戸からは冷たい良い水が出る。台地を一歩外れると、湧水は鉄気の多い、とても使える代物ではない」という。そういえば、発掘現場事務所の井戸水はしばらくすると鉄分が浮いてくる。沖積地に設定したトレンチも湧水をくみ上げると、トレンチのなかは一面鉄分で赤く

図22 ● 田端で確認された中期の井戸
八女粘土層を掘りぬき、硬砂層に達している。赤く塗られた祭祀用の土器が投げ込まれている。

なる。弥生人がこの台地を住居に選択した理由の一端がわかったような気がした。

板付遺跡の弥生人は水の供給源として井戸を掘っている。前期については明らかではない。現在わかっている井戸は、中期前半を最古として、大部分は中期後半（図22）から後期（図23）にかけてのものである。

井戸の断面をみてみよう。図23はF—５c区第1号井戸である。上部が削平されて浅くなっている。井戸は径一・三八×一・五二メートルのほぼ円形、素掘りで、深さは現状で二・一三メートル。削平を考えれば、元来の深さは四メートルを超える。井戸の底はやや尖り気味に掘削されている。鳥栖ローム層、八女《やめ》粘土層を掘りぬき、その下の青灰色硬砂層まで達している。

井戸には鳥栖ロームと八女粘土層の境界と下の砂層の二カ所に湧水点がある。上の湧水点は湧水のため壁が崩落し、袋状に広くなっている。おもに雨水を集めた湧水なので水質はあまり良好ではない。下の湧水点はいまでもきれいな冷たい水がコンコンと湧き出してくる。中期の井戸

図23 ●**後期の井戸の断面**（F－5c区第１号）
構造は中期の井戸と変わらない。
井戸は自然に埋まっている。

には上の湧水点で掘削を止めている例もあるが、大部分は下の湧水点まで達している。底には特別の施設はないが、甕棺に利用する甕の大きな破片を敷き詰めた例もある。

赤く塗られた土器

中期の井戸の底近くからは、赤く塗られた完形の土器や破片が例外なく出土する（図22参照）。後期の井戸でも、赤く塗られてはいないが、やはり完形の土器や大きな破片が出土する。これらの土器は井戸、換言すれば、水に対する祭祀がおこなわれたことを物語っている。どのような祭祀が、何のためにおこなわれたのであろうか。

投げ込まれた土器の大部分は、中期後半の井戸では袋状口縁をもった長頸壺《ちょうけいこ》で、そのほかに広口の壺形土器、壺と甕を組み合わせた瓢《ひさご》形土器、高杯《たかつき》があり、これらの土器はいずれも外面が赤く塗られている。後期の土器もやはり長頸壺が多く、そのほかに二重口縁をもった壺、広口の小型壺、ミニチュア土器がある。

これらの土器は井戸の底かやや浮いたところに集中して出土するために、祭祀行為は井戸を放棄するときにおこなわれたと考えられないでもなかったが、井戸を人為的に埋めた痕跡はない。また、田端の井戸は中期後半から後期にかけて四回の祭祀がおこなわれている。ほかにも数回の祭祀がおこなわれている例があるので、この考えは否定される。気象異変による渇水時に祭祀がおこなわれた可能性が強いと考えている。

なお、井戸からは、胴部がわずかに膨らみ、広口の口縁が立ち上がる鉢に近い壺で、口縁部の相対する二カ所に孔をうがっている土器もしばしば完形で出土する。この土器は後期には完全に鉢形になる。水汲み用の土器であったとみられる。

埋納された小銅鐸

板付遺跡の弥生時代の終焉を象徴するように、青銅器の埋納遺構がある。一つは第1章で述べた通津寺境内から江戸時代末期に発見された五本の銅矛で、図が残されていないので銅矛の形態は不明である。もう一例は整備にともなう確認調査でみつかった小銅鐸の埋納遺構である（図24）。

この小銅鐸は後期の住居址埋土のなかに土坑を掘り込んで埋納されている。土坑の大きさは四〇×二〇センチの不整の楕円形である。小銅鐸は銅鐸の埋納と同じように、鰭《ひれ》にあたる部分が上下になるように埋納されている。鐸の内部には舌が存在するが、宙に浮いた状態であるので、埋納に際して鐸のなかに土が入れられたとみられる。このような青銅器の埋納は何を意味するのであろうか。

図24 ● 埋納された小銅鐸
後期の住居址の埋土に穴を掘って埋納されていた。
小銅鐸のなかには舌が入れられ、鰭にあたる部分を
上下にした状態は銅鐸の埋納に共通している。

第3章　水田稲作のはじまり

1　完成された最古の水田

水と泥土との戦い

昭和四〇年代、板付台地西側の沖積地に団地建設の計画がもちあがった。日本考古学協会の調査以来、板付遺跡で、日本列島のなかではもっとも早く稲作農耕がはじまったことが、炭化米や石包丁などの農耕具の出土からわかっていた。当然、西側沖積地に最古の水田が眠っていることはだれの目にも明らかであった。

しかし、遺跡の状態はまったく不明、団地建設の計画は着々と進むため、福岡市教育委員会では発掘調査の人員を確保して対応することにした。建設面積は約一五万平方メートル、しかも低湿地である。どのような調査になるのか、調査員は不安のまま調査に突入した（図25）。

予想したとおり、遺跡の状態をみるために各所に開けられた試掘トレンチから、杭列や矢板《やいた》列が顔を出した。自然流路には粗砂《そさ》が堆積し、それを除くと、大きな丸太を杭や矢板でとめた井堰が出てくる（図26）。調査は湧水と泥土との戦い、一日が終わると調査員も作業員も全身泥だらけである。

そうこうするうちに、台地際に設定されたトレンチから木製の農耕具がまとまって出土した（図33参照）。いまでこそ木器の出土はめずらしくないが、当時はほとんどみることができないもので、市内各地の現場から調査員が集まってきて見学したのが思いだされる。

団地建設予定地の調査では、沖積地の中央部に幅一〇〇メートルにおよぶ古諸岡川と推定される流路が確認され、その両側に水路や杭・矢板で補強された畦畔が確認された。しかし、水田として現在まで存続しているため複雑で、まとまりのある状態では把握されていなかった。

図25 ● 沖積地の調査
写真奥の集落が、板付遺跡の集落があった中央台地で、右側に通津寺がみえる。手前の調査区では、杭・矢板列が出土し、水田の跡と考えられる。現在、この調査区の上には板付遺跡弥生館が建っている。

史跡指定の移転先でも発掘調査

板付遺跡はその重要性から一九七六年六月二一日に、環濠周辺の台地部とその西側の沖積地の水田遺構が国の史跡として指定された。

指定にともなう土地の買い上げがはじまったが、移転先が史跡に隣接したところに求められるということが起こった。地主さんにはたいへん気の毒であったが、移転先も発掘調査しなければならない。調査をする私たちにとっても、指定地として遺跡の保全を図ったのに、その隣接地を調査によって壊すという矛盾に複雑な気持ちを払拭できなかった。

買収が急ピッチで進み、指定地の周辺では同時に数カ所で緊急調査をおこなっていた。職員各自が一カ所の現場を受けもち、私は指定地の南西部、台地に接した沖積地の調査区（G―7a・7b、図9・28参照）を受けもつこととなった。この地区も指定地内からの移転先で、しかも指定地内の住居と移転先は目の前である。毎日のように調査を早く終了してほしいと懇願され、心痛む日々が続いた。

最古の水田の発見

G―7a区で、表土を剝ぎはじめると、すぐ土器層があらわれた。この層には中世以前の土器、とくに弥生土器が厚く堆積している。土器層といっても土はほとんどなく、なかには磨製石斧や石包丁、めずらしいところで磨製石剣なども混じる。青銅器の鋳型まで出土した。この土器層は台地の落ち際に厚く堆積し、台地から離れるにしたがい土器量が少なくなり、薄くなる。台地上から流れ込んだ遺物が再堆積したものと考えられる。

その下位は中世以前の水田土壌（耕作土、床土）だが、地表下一メートルぐらいで調査区全面に粗砂層が顔を出した。洪水層である。試しに台地際の粗砂を一メートルほど掘り下げてみた。粗砂はさらに深く続いているので、流路に出くわしたようだが、遺物はほとんどない。

この時点で、発掘を中断しようという意見も出た。幸いに台地の反対側の岸が出てきた。流路はあまり大きくないので、発掘続行である。湧水が激しいために流路の発掘を優先させたが、堆積は植物層と粗砂の互層となっていて、植物層には木の葉やドングリ類が含まれている。木の葉のなかには掘り出した瞬間、緑色が残っているものがあるが、空気にふれ、すぐに黒く変色する。

そのうち土器の破片が出てきたが、いずれも弥生前期初頭の板付Ⅰ式土器である。流路西側の土手は

図26 ● **井堰の調査**
水路は写真左から右に流れていて、それを塞ぐように井堰が設置されている。上流部に水口があると考えられるが不明。

幅一〇メートル前後、土手の西側にはまだ粗砂が堆積している。トレンチを入れて状態を観察する。粗砂の堆積は二〇センチ前後で、黒褐色の粘土層が水平に広がっている。水田面である。

　川岸にあらわれた断面を観察すると、地山と考えられる白色の粘土層まではまだ一メートル程度の堆積があるので、さらにさかのぼる水田があるかもしれない。

　下の状態を知るために土手に試掘トレンチを入れ、土層観察をおこなった。細砂《さいさ》が数層に分かれて堆積していて、中間に水田の耕作土ではないかと考えられる粘土層がみられたが、水の流れで攪乱され、面が把握しづらかったので、一気に下まで掘り下げてみた。

　すると、最下層にも水田耕作土と考えられる粘土層が水平に堆積していた。また、トレンチのもっとも東側には弥生前期初頭の流路

図 27 ● **最古の水田の調査風景**
早期の水田の水口近くで、日本考古学協会の調査を指揮された森貞次郎に、調査の説明をしている筆者。二人が立っているのが最古の水田面。そのすぐ後が畦畔と水田水口で、右手が幹線水路と井堰。

に平行して、幅二メートル前後の水路や水路に沿って畦畔も出てきた。周辺から出土する土器は、すべて刻目突帯文土器である。

これまで弥生前期初頭とされた板付Ⅰ式土器の段階よりさかのぼる、弥生早期の水田の発見である。まさに日本最古の水田が姿をあらわしたのである（図27）。この水田の構造をみていこう（図28）。

水路・堰・畦畔

幹線水路　水田に水を供給・排水する幹線水路は、台地際の弥生前期初頭の流路に一部を切られながらもほぼ平行して直線的に南北に伸びている（図29）。

水路の幅は約二メートル、深さ

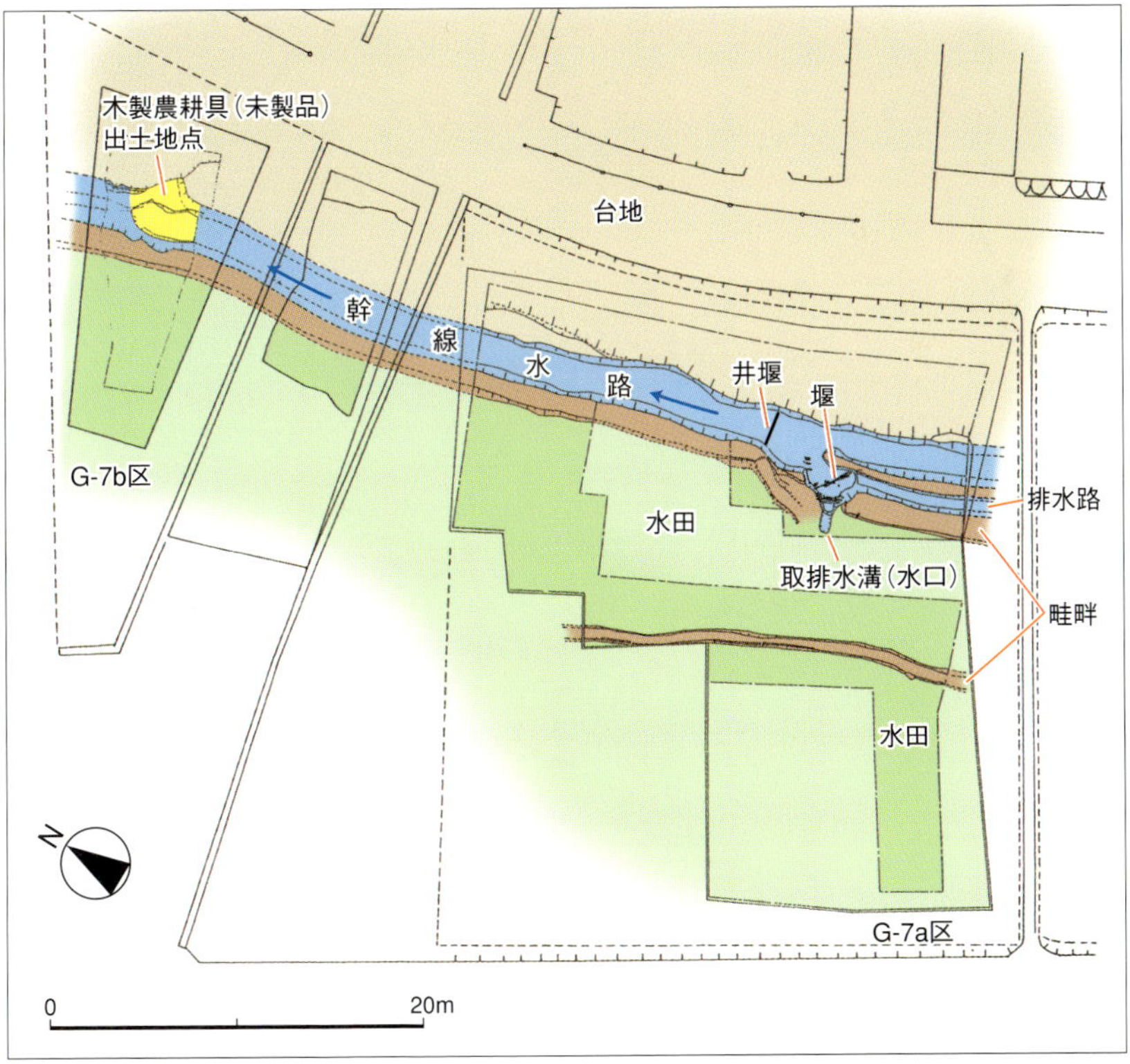

図28 ● 弥生早期の水田構造
台地際の東側に幹線水路が南北に掘削され、西側に水田が開かれている。水田は土盛り畦畔で区画され、南北に細長い。水路・取排水溝には堰が設置され、完成度の高い構造をもっている。

は約一メートル、断面形はU字形～逆台形状をし、水は北側に向かって流れていた。人工的に掘削されたことは疑いない。

水路の埋土は粗砂、微砂《びさ》の互層に一部粘土層が混じっている。これは水の流れが比較的頻繁であったことを示している。

井堰と取排水溝　水路の南側に偏って井堰が設置され、井堰のすぐ上流には水田の取排水溝と幹線水路に平行した水路の出口があり、それぞれに堰が設置され複雑な様相を示している。

幹線水路の井堰からみてみよう。井堰の残存状態はよくないが、堰が設置されていたことは判別できる。水路に直交して数本の杭が打ち込まれ、抜けた杭が溝の底に散乱している。やや大きい丸太を横に渡し、それを杭でとめた簡単な井堰であったと推測される（図30）。

幹線水路に平行した水路は、幹線水路との間の基盤層を削り出し、畦畔状を呈していて、幅一・二～二・四メートル、断面形は台形状をしている。溝は幅一・〇～一・六メートル、深さ三〇センチ、断面形は浅いU字形をしている。

図29 ● 幹線水路とそれに平行する水路
一部をその後の前期初頭の水路に切られながらも北にのびる幹線水路と、それに平行して流れる水路。

この溝の出口は水田の取排水溝と合流するが、その合流部分に堰が設置されている。堰は径四・〇～八・〇センチ、長さ一・五〇～一・六五メートルのやや太目の丸太材数本を横木として渡し、杭でとめた簡単なものだが、この溝から流れ込む水を水田に入れる役割をもっていたと考えられる。

幹線水路と水田を結び取水と排水を併用した溝は、水田に水を入れたり排水したりする水口でもある。この溝は畦畔を切るようにつくられているが、北側の畦畔は溝に沿って西側に屈曲している。溝は長さ約一・八メートルで、途中に水田の水量を調整するために堰が設置されている。溝は堰付近でわずかに曲がっているが、全体としては東西方向に走っている。溝幅は三〇～五〇センチで一定していない。

溝の西端は水田面に浅い皿状のくぼみとして存在し、西端より約五〇センチのところで急に落ち込み、深くなる。その深さは約三〇センチ。この部分は排水時の侵食作用によって下がえぐられ内側に約三〇

図30 ● 早期の水田と井堰・取排水溝の復元絵
この復元絵でわかるように、最古の水田は、現在の水田とたいして変わるところはない。

センチ入り込みオーバーハング状態になっている。落ち込み部分から下位は、幹線水路に向かって徐々に深くなっていて、断面形は逆台形をしている。

水口　落ち込み部分から約三〇センチ東に離れて堰がある。堰は保存状態がきわめて良好で構造は十分に解明できた（図31）。

堰は一三本の杭と二本の矢板が打ち込まれ、六本の横木が渡されている。杭は径四～五センチの丸太杭と丸太を分割した割杭を半々で使用している。水口の両側が深く打ち込まれ、中央部は取り外しができるように矢板を置いている。横木はすべてが割り材で、長さ六〇～九〇センチの杭の間にはめ込まれているだけで、これも取り外しは自由にできる。必要に応じて材を取り外せば水口が確保され、逆に矢板、横木を渡せば水口が封鎖され、水の流れを塞ぐことができるようになっている。

堰の水路側は八の字形に若干開き、壁に沿って杭が打ち込まれている。杭はまばらで、護岸用の杭とみる

図31 ● 水田水口の堰
杭、矢板を打ち込んだ堰。中央部の矢板は取り外しができるようになっている。

こともできるが、むしろ取排水溝の後退にともない堰も水田側に後退したと考えられ、これらの杭は堰が後退した名残とみることもできる。取排水溝の後退は水田の排水にともなって水落ち部分が侵食されるためにおきたもので、先に示した畦畔の屈曲はそのことをよく示している。

畦畔　水田を区画する畦畔は調査区内で二条確認した（図28・30参照）。一条は幹線水路と水田を区切る畦畔で、もう一条は西側の水田間を区画する畦畔である。東側の畦畔は水路の土手もかねており、道としての役割ももっていたと考えられる。土盛りの畦畔で、部分的に削りだされているところもある。幅は下場で一・四〜一・八メートル、上場で、〇・九〜一・二メートル、高さ三〇センチ、断面は台形になっている。部分的に杭、矢板で補強している。

西側の畦畔は水路側の畦畔に比較して幅が小さい。幅は下場で六〇〜八〇センチ、上場で四〇〜五〇センチ、高さ一五センチ前後、断面は台形をしている。調査区内で二〇メートルを確認した。畦畔の西側には割材を渡して両端を杭でとめている。

栽培植物は本当に稲か

このように最古の水田は、水路と堰、畦畔が整備された、思った以上に完成されたものであった。水田がわかると、栽培植物は本当に稲だったのだろうか、耕作具はどんなものだったのであろうか、とつぎつぎに疑問がわいてきた。

栽培植物については、まもなく幹線水路の東側の土手からまとまって炭化米が出土し（図32）、間違いなく稲が栽培されていたことが立証できた。

水田の状態を知るためにプラントオパール分析や花粉分析、種子分析などの科学的分析も実施したが、とくに岡山大学の笠原安夫教授の雑草の種子分析は興味深いものであった。土二〇〇グラムから検出された種子は、炭化米二分の一粒と、典型的な水田雑草であるコナギが一六九粒、そのほかにコゴメガヤツリ三五粒、ノシノフスマ三一粒、ホタルイ一五粒、オモダカ六粒、ハリイ三粒などの水田関係の雑草種子であった。これに対して畑（人里）の雑草の種子はほとんど検出されたなかった。雑草からも、板付遺跡の水田は典型的な稲作水田であることがわかったのである。前期初頭の水田からも同様の水田雑草が検出されている。

最初の水田農耕具

つぎは木製農耕具である。発掘とは不思議なもので、期待した遺物がすんなり出土することもあるが、なかなか出てこないこともある。木製農耕具は後者の事例である。

担当した調査区の調査が終わりに近づいたころ、水路などの木器が出そうなところはもうなく、調査区の北側、県道をはさんだ反対側の調査区も同時に発掘を進めていた（G―7b区）。残すのはこの地区のみである。

図32 ● 炭化米
土手からまとまって出土。潁（えい）が部分的についたままの状態で、もともと籾の状態であったことがわかった。

面積は狭い。調査区の半分は弥生前期初頭の流路である。今回は木製農耕具の出土はお預けかと思いながら、最下層の幹線水路の発掘を進めていると、北側に水路の底が出てきた。もう遺物の出土は絶望的だと思ったが、水路を掘り進めてみると、南側は同じレベルになっても底が出てこない。南側だけが一段深くなっていたのである。

溝底に掘り込まれた土坑は幅一・七〜一・九メートル、長さ三・一メートル以上、深さ五〇センチ、床面は平坦である。南側はさらに壁中にのびている。土坑を掘り進めると、床近くで、比較的大きな木材四点に出くわした。二点は平たい板材、二点が方形の棒状をしている。耕作具か。発掘現場は急に色めき立った。慎重に竹ヘラで全形を出していく。木材には加工の後が明瞭に残り、一点に柄壺の削りだしが出てきた。木製の耕作具未製品である（図33）。

結局、この土坑から出土した木製品は、諸手鍬とエブリ、鍬の柄二点。ついに農耕具をみつけたのだ。

図33 ● 木器の出土状況
幹線水路から一段深くなった水漬け遺構から、諸手鍬・エブリ・鍬の柄・石斧の柄などの未製品が出土した（東からみた写真）。

精査していくと、土坑の東側に溝底と同じレベルで張り出しがあり、そこからも鍬の柄と石斧の柄各一点が出土した。このほか刻目突帯文土器にともなう壺形土器も出土している。

この土坑は何であろうか。木器の未製品だけが出土することを考えれば、木材のヒズミやヒビ割れを防ぐための水漬けの施設と考えることができる。この土坑の上の畦畔斜面には、畦畔の補強とは関係ないやや大きめの杭が打ち込まれている。未製木製品を固定するのに利用されたのかもしれない。東側の張り出しは作業するための降り口、作業場であったかもしれない。

その後、弥生早期の木製農耕具は、台地をはさんで反対の東側の調査区からも、諸手鍬とエブリの未製品が出土した。また板付遺跡の北東部に位置する雀居遺跡からは多量の木製品が出土した（図34）。

これらの木製農耕具をみると、平鍬をはじめ多くの種類があり、水田構造と同様に、農耕具も完成されたものであったことがわかるのである。

図34 ● 雀居遺跡での木器の出土状況
板付遺跡から出土した木器は未製品だったが、雀居遺跡からは製品が多量に出土した。写真は磨製石斧を装着した柄。

2　大規模になった前期の水田

大規模な井堰

早期の水田の上には、前期初頭の水田が開田されていた。幹線水路・堰・畦畔などの水田の構造はまったく同じだが、早期とは比較にならないほど大規模になっている（図35）。

前期初頭の幹線水路は台地際に掘削され、流路の幅は約一〇メートル、深さは二メートル以上で、わずかに蛇行している。あまりに大規模なので、人工的に掘削されたものなのか、自然流路なのか容易に判別できなかったが、低位段丘のもっとも高いところを流れていることや、中央台地と南台地の鞍部を切断して流れていることを考えれば、人工的と考えざるをえない。ただし、水路の上に現在の道路が重なっているので、完掘することができないため、正確な幅や深さ、形状が明らかにできなかった。結論は今後に期したいと思う。

このような大規模な水路から、水田にどのようにして取水したのであろうか。幸い井堰を調査することができた（図35G―7b区）。井堰は、水路の埋土（粗砂層）を一メートル程度掘り下げた段階でその上部を確認した。東西に細長い調査区に沿って出てきたことは好運としかいいようがない。調査区内で長さ六・五メートルを確認した（図36）が、東側はトレンチ外に延びている。どのような構造になっているかみてみよう（図37）。

まず流路の流れをとめる基礎として、径二〇センチ前後、長さ二・六メートルあるいはそれ以上の長さをもつ、上部が二股に分かれた大きな丸太杭を川底に打ち込んでいる。調査区内で三本を確認した。流路の中央部に近い二本は一メートルの間隔で打ち込まれ、もう一本はやや離れて四メートルの間隔で打ち込まれていたので、流れの急な中央部がより補強されていることがわかる。

やや離れて打ち込まれた杭の一本は流路の底には達せず、流路の堆積土である粗砂層のなかで終わっている。中央に近い二本は堆積土が深く、抜きとることができなかったので、流路の底まで達していたかどうかは明らかでない。とはいえ以上のことから、この堰の設置は流路がある程度埋まった段階であることがわかる。

基礎になる丸太杭を打ち込んだ後に、股になった部分に径二〇センチ前後の丸太を横に渡している。この

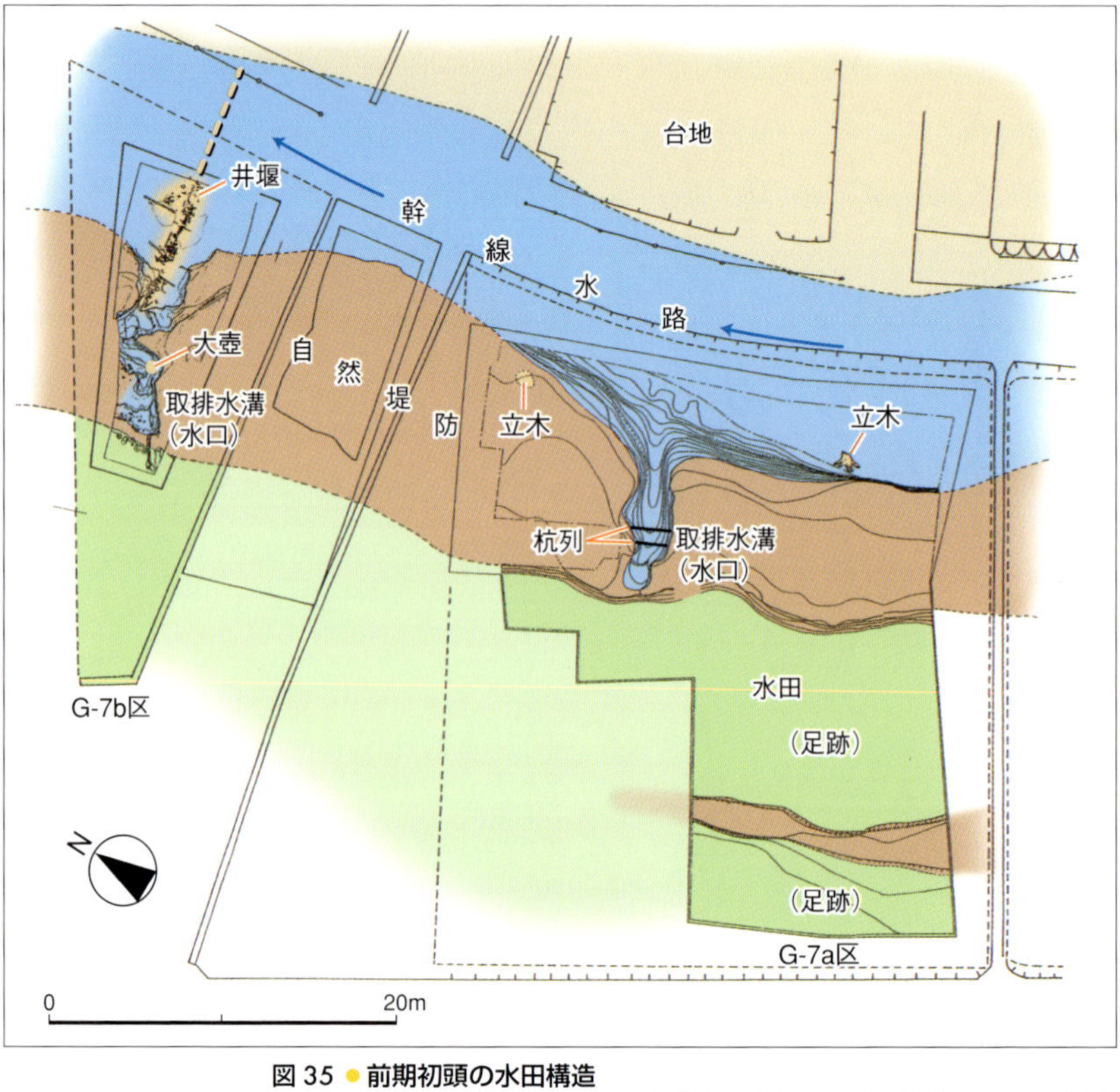

図 35 ● 前期初頭の水田構造
前段階の水田と比較して大規模になる。水路幅は約 10m で、堰や取排水溝も規模が大きくなるが、構造は前段階と同様である。

横木は長さが三メートル以上あるが、未発掘部に延びている。つぎに横木に沿って径五～六センチ、長さ三メートル前後の杭を縦に打ち込み、堰の基礎部分ができあがっている。

ただし、水田面はさらに高いので、堰の高さを上げる必要がある。そのために、同様の工法で堰のかさ上げをおこなっている。堰の西半分では径二五センチ、長さ二・五メートル、上部で二股に分かれた丸太杭を三メートル間隔で二本打ち込み、股の部分に径二五センチ、長さ七メートルの横木を渡し、横木に沿って径五～一〇センチ、長さ四メートルの杭を幾重にも打ち込んでいる。

水路西側は現状では一段だが、水路の中央部は二段の構築となっている。中央部の構築は判然としないが、一段目の基礎、岸に近い二段目の強度を利用しながら横木を渡し込み、それを基礎に杭を幾重にも打ち込んでいったと思われる。杭は絡み合うように打ち込まれ、杭列の幅は一メートルに達している。

図36 ● **大規模な前期初頭の井堰**（G－7b区）
左手の自然堤防から幹線水路を横断するように出土した。右手（東側）は調査区外へ延びている。長さ10mの大規模な井堰と推定される。

しかし、これだけでは貯水した水の圧力を支えるのは困難であったと考えられ、随所に下流の北側から径二五センチの丸太を斜めに打ち込み支えている。

第2章で説明した、集落から水田に渡る橋の構築も、堰の補強を図ったものと考えられる。井堰は現状で高さ二メートルあるが、この高さでは水田への給水は無理である。土圧などによる堰全体の傾斜を修正しても、さらにもう一段程度の堰の継ぎ足しが必要である。図でも明らかなように、杭は中央部に厚く打ち込まれているが、発掘で明らかにした井堰は全体の半分にもおよんでいないので、今後の調査が期待される。

土手に掘り込まれた水口

幹線水路から水田に取水する水口も、先にみた弥生早期の水田と比較して、より完

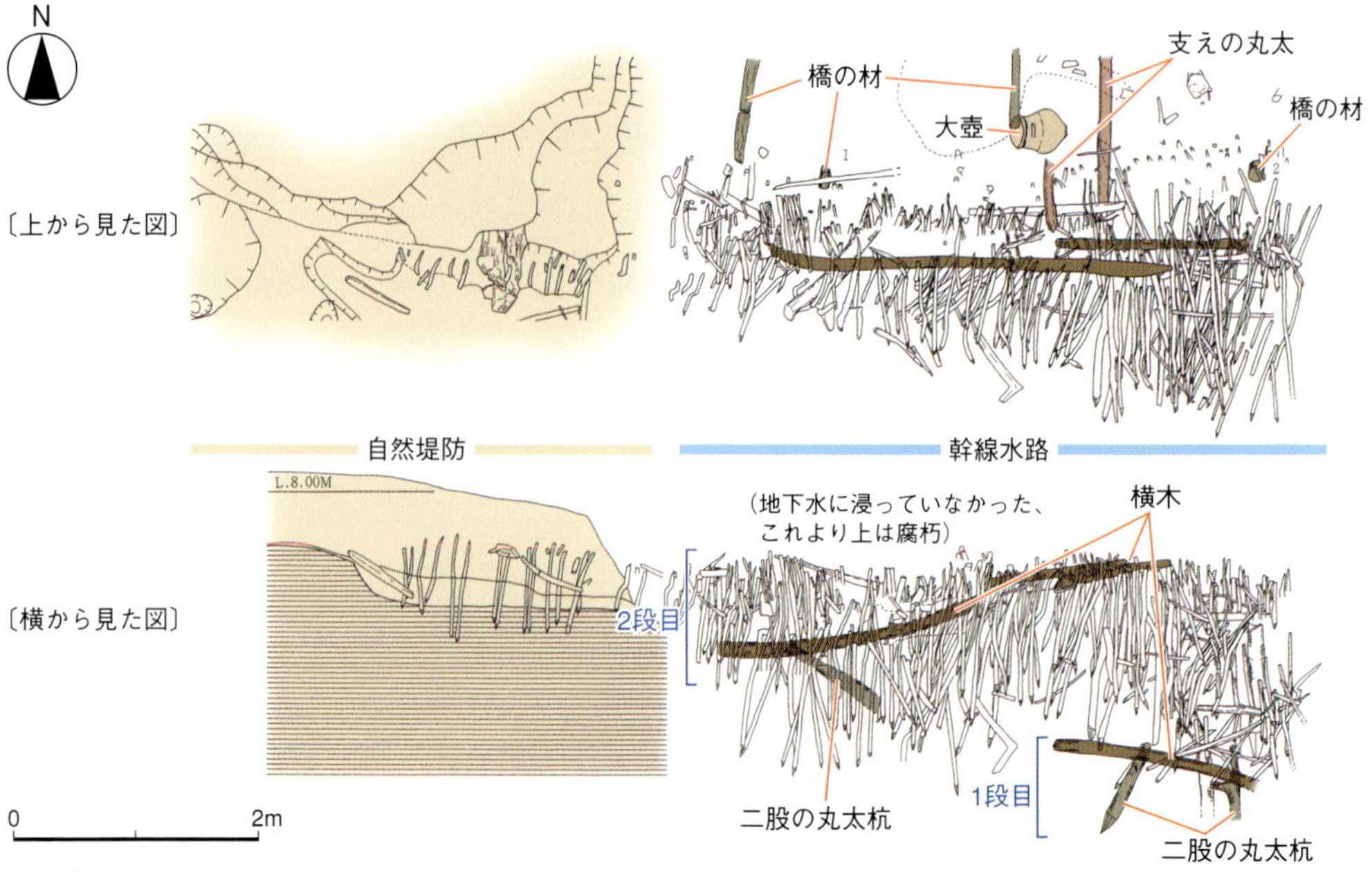

図37 ● 井堰実測図
基本的な構造は横木を渡して杭でとめたもの。水路幅が広く、かつ深いため、さまざまな工夫をこらしている。現状、2段までしか残っていないが、3段につくられていたと思われる。

備されている。水口は早期の水田同様に、取水と排水を兼ね備えたものである。二カ所みつかったが、これらが別個の水田にともなうものか、あるいは時期的に差があるのかは即断しがたい。二つの調査区の水田面は標高差が約二〇センチあるので、別個の水田と考えたほうがよさそうだ。

ひとつの水口は、調査区の中央よりやや北側で発掘した（G―7a区、図35参照）。流路に直交するかたちで、流路の左岸の自然堤防状の高まりを横断している。途中に溝に打ち込まれた杭の頭が数本一列に並んで頭を出していた。土手に沿って杭列の延長を探したがみつからない。代わりに杭列をとり込んだ遺構が出てきた。遺構の輪郭を出していくと、水田と幹線水路を結ぶ溝になった。水田の取排水溝らしい。

溝の発掘を進めると、杭列のさらに東へ八〇センチ離れて、もう一つの杭列が出てきた。溝はやや不整形で、長さ八・五メートル、幅は水田側で一・三〜一・五メートル、二列の杭列周辺で若干広がり、東側の杭列をすぎて急に広がり、約三・五メートルになっている。それより東側は徐々に狭まり、溝の西端部より約七メートルのところで一・七メートルの最小幅となっている。その先の水路側は再度ラッパ状に広がり、約五メートルになっている。

深さは水田側が浅く、水路側に向かって深くなり、水路との接点部分は急に落ち込んでいる。

この二列の杭列は、堰の役割を果たしている。西側の杭列は杭一〇本、矢板一一本からなる（図38）。列の長さは二・七メートル、杭は径六〜一〇センチで、径九センチ前後のものが大部分を占めている。杭としては大きめである。溝の両端部の杭はとくに大きい杭を選び、深く打ち込まれている。地中の杭の長さは三〇～八〇センチで、強く固定されている。一方、中央部の約八〇センチの間は矢板が多用され、打ち込みはほとんどなく、取り外しが自由である。

東側の杭列は丸太杭が八本、丸太を半割した杭が六本、矢板杭が八本からなり、列の長さ二・九メートルである。ここでは幅広の矢板はなく、いずれも板杭ともいうべきもので、杭の径は五～八センチで比較的大きい。杭の打ち込みは浅く、大部分は一五～二〇センチにとどまっていて、西側の杭列との大きな違いである。また、中央部には横木が一本渡されている。なお、南壁に近い部分の杭は打ち込まれてなく、取り外しは自由である。

使用された材や打ち込みの違いから、これらの杭列は同時に打ち込まれたものではなく、最初に西側の杭列が打ち込まれ堰として機能していたが、後に補強のために東側の杭列が打ち込まれた可能性もある。

この二列の杭列の使用法は、水流が必要なときは矢

図 38 ● 取排水溝（G － 7a 区）
水路側からみた水口の堰。土手を横断するように掘り込まれ、杭列がみえる。その後方が水田になる。

板や板杭を取り外し、塞ぐ必要があるときは杭列に横木を渡し、さらに杭列間には雑草や土を入れて塞いだと考えられる。また、通路としても利用されたと思われる。水の調整が必要な場合は、西側杭列の中央部と東側杭列の南部の矢板・杭を取り外し、水流を曲げながら流したと考えられ、このことは杭列間の埋土の状態からもうかがうことができた。

つぎに、もうひとつの水口の構造をみてみよう（G—7b区、図35参照）。溝は、水路と接して広く八の字に開いている開口部から、大きく蛇行して畦畔に達する。水田から幹線水路に向かって深くなっていて、断面は浅い皿状で、部分的に深くなるところもある。

井堰の杭列が水路への開口部の中央よりやや北側に打ち込まれている。開口部の北岸には井堰から延長して杭が打ち込まれ護岸の役割を果たしている。

護岸の杭が切れたところに、溝に直交して水量調整のための堰がつくられている。倒れた杭一本と先端部が残った杭穴一個、杭の抜き穴三個が一直線に溝を横

図39 ● **取排水溝の断面**（G－7b区）
中央の黒色のV字形が水路が埋まった後、のびてきた取排水溝の断面。左手が井堰で、杭列を利用し、その上に網代をあて、80cm間隔に杭で止め、漏水を防いでいる。

断していた。杭五本を打ち込み、横木を渡した簡単な堰が設置されていたのであろう。

この取排水溝は、水路に砂が堆積すると、つくり変えられていた。水路側に延長された開口部の最終段階の断面を図39に示した。溝は幅一・一五メートル、深さ五〇センチ、断面はV字形をしている。北側は井堰の杭をそのまま利用し、表面に網代をあて、その上に八〇センチ間隔に杭を打ち込んでとめている。水の漏水を防ぐための工夫である。

水田に残る無数の足跡

この時期の水田は一面に洪水によって運ばれた粗砂によって覆われている。粗砂層の厚さは二〇センチを超えていたので、試掘して粗砂の厚さを確認し、遺物がないことを確かめてから、粗砂だけを重機で剝ぎ取ることにした。重機のオペレーターの腕のみせどころである。

一かき、二かきめに水田面が出てきた。よくみると、黒灰色粘土の面に粗砂が入り込んだ穴が無数にある。何だろうと一瞬考えたが、頭のなかに閃くものがあった。数週間前に國學院大學の乙益重隆教授に会ったときに、群馬県日高《ひだか》遺跡の水田の話になり、「日高遺跡の古墳時代の水田は火山灰に覆われていて、箒《ほうき》で掃くと火山灰がとれて、人の足跡が出てくる」という話を聞いたばかりだった。

「そうだ、人の足跡だ」

話を聞いたときは「本当かな」と思ったが、火山灰を洪水による粗砂に置き換えれば板付の水田にもあてはまる。どちらも一瞬にして埋まる災害である。足跡に間違いない。

しかし、夕方、各調査区から事務所に引き上げてきた調査員に足跡の話をすると、だれも信用しない。挙句は「山崎さんのホラだ」となってしまった。みんなは日高遺跡の事例を知らないし、その前に足跡なんか出るはずがないと思い込でいる。しばらく静観することにした。

足跡を掘るのもなかなか難しい。竹ヘラで粗砂を除けばいいのだが、うまくいかない。火山灰とは勝手が違う。どうすればよいか悩んだ。そうこうするうちに、水で埋まったものは、水で洗い落とせばよいと気づいた。試しに足跡に水を入れ洗ってみると、水田耕作土の粘土層から粗砂が簡単にはずれる。下にたまった粗砂だけをすくい出せば、足跡がきれいに掘りあがった（図40）。

水田の調査区を西側に拡張すると、水田面に一人の人間が北から南に向かって歩いた足跡が顔を出した（図41）。新しい情報が引き出せるかもしれない。文化課長に話し、県警の鑑識課の登場を願った。鑑識課は足跡の調査はお手の物である。

歩いた足跡にメジャーをあて、歩幅を計測し、足跡に石膏を入れて足跡のレプリカをつくる。これをみていた調

図40 ● 2層にわたって残る足跡（G − 7a区）
水田が洪水で一時に埋まったため、水田面には当時の人が歩いた足跡が残った。

査員一同は「本当に人の足跡ですか」と聞いている。「人の足跡でなかったらなんでしょう。経験からは人の足跡です」との答えを聞いて、ようやく信用していただいた。

県警の鑑識課からいただいた鑑識結果は、現代人のデータとの比較結果からみてと、但し書きが付くが、「この歩いた人は歩幅や足の大きさからみて、身長は一六四センチ前後、歩行途中で滑りそうになり、あわてて体勢を立て直している」ということであった。

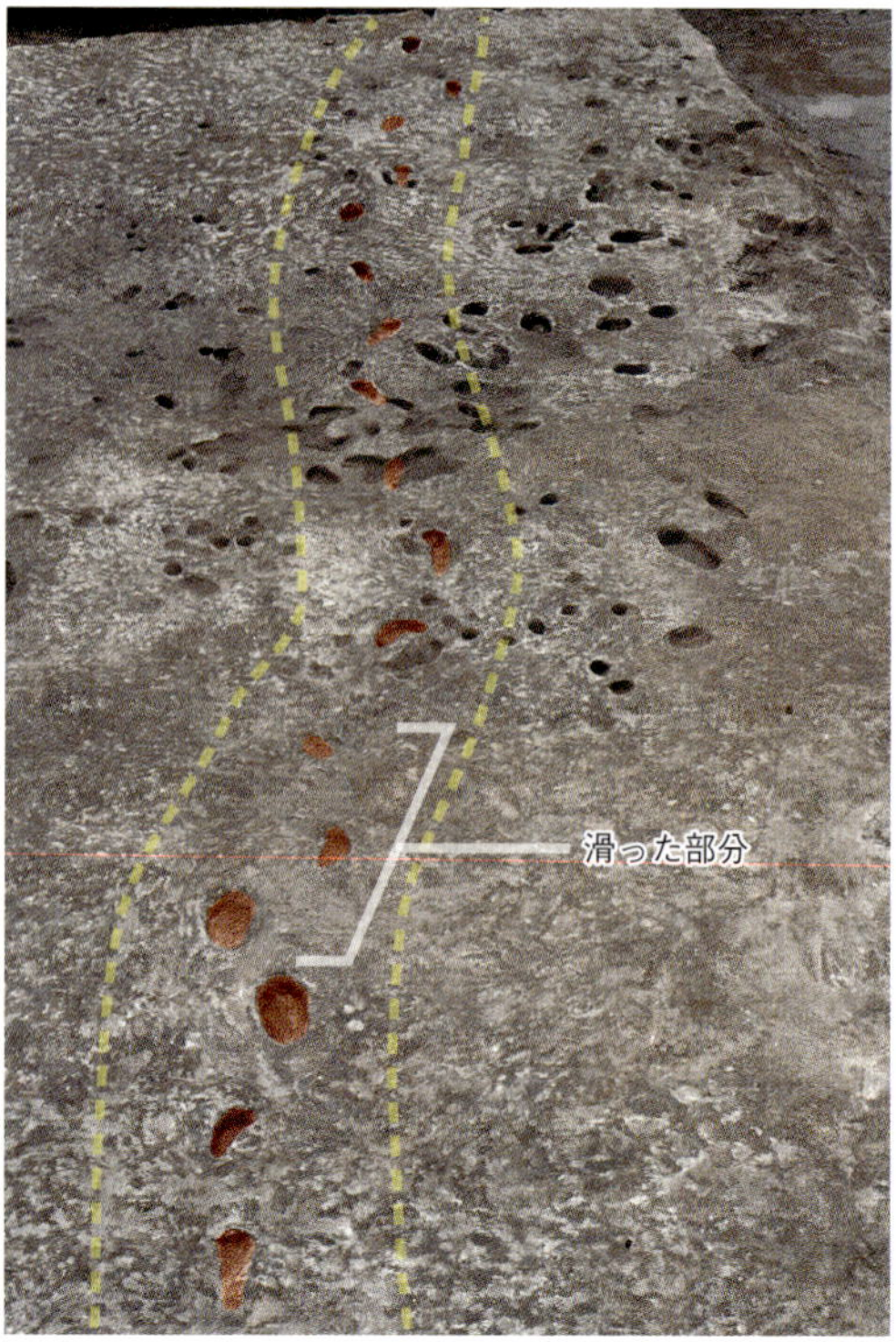

図41 ● 一直線に歩いている足跡
歩いた弥生人は推定身長164cm、途中ですべり、あわてて体勢を立て直している。

前期初頭の水田耕作面のさらに下部に、同様の洪水による粗砂層をはさんで、もう一面、水田耕作面があった。粗砂の厚さは一〇センチ前後だが、この洪水は上層の洪水にくらべて比較的小規模だったようで、水路側は一面粗砂層に覆われているが、水路から離れるにしたがい砂層は薄くなり、とくに北側では薄く、存在しないところもあった。そこで洪水後に、粗砂の上に耕作土を入れて水田を再生したのだろう。それにくらべて上の洪水は激しかったとみられ、土手に植わっていた立木も倒壊し、水田面を覆う粗砂の量からも、水田を放棄せざるをえなかったと考えられる。

下の水田耕作面にも人の足跡が無数に残っていた。下の面では九人分の歩行軌跡を追うことができた。このうち五人は東側畦畔（土手）から西に四メートルはなれた範囲内で、畦畔にほぼ平行して歩行している。このうち三人は北から南に進み、二人は南から北に進んでいる。

残る四人も、畦畔から離れているが、二人がやや不規則ながら畦畔に平行した動きを示し北から南に進み、ほかの二人は共に南から北東に進み、途中で南東に方向を変えている。このほか水田を対角線に進む足跡があるが歩行の軌跡は追えない。このように足跡には規則性があり、農作業の一端を示していると考えられる。

素足で農作業をしていた

かつて一緒に発掘をしていた下條信行は九州大学の助手に転職していたが、考古学のよき相談相手であった。よく酒を共にしたが、「板付遺跡の水田の足跡は軟らかい粘土についた自分の足跡ではないか」と冗談交じりに疑問を呈する。口で説明しても、なかなか信用してもらえない。「それでは自分で掘ってみたらいい」ということで、さっそく翌日、現場にあらわれた。

前期初頭の水田面の発掘は終わっていたが、幸いに早期の水田面の一部が良好な状態で出てきて、歩行の状態もわかる。足跡のなかには細砂が入っている。さっそく二人で掘ることにした。水を入れてチャプチャプと揺らすと、まわりの砂がとれて足跡があらわれる。

下條もやっと納得、逆に興味を示す。指の跡が出てきたが、指の付け根のところに妙な突起がある。何だろう。とにかく石膏型をとることにした。石膏型はここで出てきたもっとも良好な足跡である(図42)。わからなかった突起は指の間接部分であった。水田の農作業は素足でおこなっていたことがわかったのである。

この一連の作業をみていた地主の中牟田明人が声をかけてきた。「俺にもその石膏型をとってくれ」。中牟田は調査が気になって毎日見学に来ていた。奥さんは病気で外に出ることができない。奥さんにもみせてやりたいということである。第二号の石膏型を進呈した。

樹木から水田の存続期間を知る

洪水によって一瞬のうちに水田を失った板付遺跡の弥生人には気の毒だが、一瞬の災害ゆえに思わぬ情報が残っている場合が多い。

前期初頭の水路の左(西)岸は幅七〜一〇メートルで、自然堤防状の高まりとなって南北に延びている。西側の水田とは二〇〜三〇センチの比高差がある。この高まりは水路と水田を限る畦畔の役割を果たしているが、かなりの広さがあり、簡単な作業場としても利用されていた

図42 ● 足跡の石膏型
早期の水田面に残された足跡、指の関節の状態まで残っている。

ことは想像に難くない。

ここには樹木も植わっており、過酷な農作業のつかの間の休憩にはもってこいの場所である。洪水によって、これらの立木はそのままの状態で埋もれていたのである。

出土場所は取排水溝の両側約一〇メートルの水路際。北側の樹木は広く根を張っていて根元で折れている。南側の樹木も根元で折れているのは同じだが、土手の下がえぐられて、根をつけたまま水路側に落ちかけた状態である。

さらに立木をくわしく調べてみると、木はカシの木とみられ、年輪を数えてみると植わってから二八年経っていることがわかった。そして、年輪の中ほどには目が詰まった部分が一カ所あり、天候の不順な時期があったことを示している。遺跡にあてはめると、最初の洪水と一致しそうである。このときは土手にある樹木は流されていない。この樹木がだめになるのは、前述したように最後の洪水によるものである。

だとすれば、最初の洪水と最後の洪水との間が一四、五年だったことがわかる。また、畦畔がつくられたときにカシの苗木が植えられたのであれば、水田の存続期間が二八年だった可能性がある。

取排水溝や幹線水路、井堰から出土する土器は、板付Ⅰ式土器、刻目突帯文土器に限られていて、ほかの土器は含んでいないので、この水田は前期初頭の水田と考えられ、先の樹木との関係から、板付Ⅰ式土器の存続期間は、樹木がいつ植わったかの問題があるが、三〇年前後の数値を得ることができる。

水田に散らばる小石

なお、水田からは、思わぬものも出土した。径三～五センチの丸っこい石が水口や水田耕作土中から出土した。それが一個や二個ではない。出土場所のドットを入れながら取り上げていったところ、とうとうその数は四〇個になった。数からすれば、意味なく水田に紛れ込んだものではない。下層の早期の水田からも出土している。

何か意味がありそうだが、なかなかわからない。石を細かく観察しても、どこにも加工の跡はない。まったくの自然石である。小石の出土場所の図をみながら考えた。出土場所に手がかりがありそうだ。

取排水溝を中心に水田に広がっているが、集落のある台地から離れたところには存在しない。その小石は投げるのに適した大きさで、遺跡から出土する粘土で作った投弾と大きさも変わらない。どうやらこれらの小石は投弾として使われたらしい。しかし何のため、何に向かって小石を投げたのか。

発掘調査を始めたころは、板付の西側沖積地は休耕田になっていたので草ぼうぼうで、自然そのものであった。あちこちに開けられたトレンチには水がたまり、池と化していた。そのうち、トレンチにカモのつがいが住みはじめ、コガモも孵《かえ》って、一緒に泳ぐ愛らしい姿は、調査で疲れた調査員の心を和ませてくれた。

弥生時代にも、このように水田にカモなどの鳥類が飛来し、取排水溝に集まった植物種子を食べに集まって来たことがたびたびあったろう。それらを猟することも自然の成りゆきだ。水田に残る小石は、それを捕獲するために投げられた石と考えた。

しかし、よく考えると、一部はあっているかもしれないが完全ではない。中国四川省の漢代画像磚《せん》には、農事図のなかに水田で鳥を射る図がある。収穫時期に稲に害する鳥類を追い払うのは至難の業である。小石は稲に群がる鳥を追い払うために投げられたものと考えたほうがよさそうである。鳥を追うための案山子《かかし》はまだなかったのであろう。

水田祭祀

水田に対する祭祀は、水稲農耕が伝播した当初から完成した姿で存在したと考えられる。

早期では祭祀は明確でないが、水路からかなりの量の土器が出土しているので、祭祀がおこなわれたのは疑いないだろう。

前期初頭の段階は祭祀がおこなわれたのは明らかになる。彩文《さいもん》や沈線《ちんせん》で文様が施された精製の壺の破片が

図43 ●取排水溝から出土した大型壺（G − 7b区）
押しつぶされた状態で出土した。落ち込んだか、溝内に置かれたものかは判別できない。種籾を入れた大壺を祭祀に転用したものであろうか。

取排水溝から出土しているが、これらは水口祭りなどの祭祀に使用された土器の名残と考えられる。

G―7b区の溝では、東端から二番目の屈曲部の底に、大壺が一個横たわっていた（図43）。壺は土圧によって押しつぶされていたが、本来は完形品であったことがわかる。周辺にあったものが溝に転げ落ちたのか、本来、溝に置いたものかは区別できないが、水田の祭祀に関係したものであろう。壺は高さ五〇センチを超える大型品で溝を完全に塞いでいる。

この状態では溝の使用は不可能であり、これを最後にこの水田は放棄されたと考えられる。

また堰に懸かってめずらしい遺物が出土した。長さ一〇センチ程度、細長い台形をした板状の木製品で、わずかに湾曲している（図45）。表面は赤く塗られ、頭部の両端に紐結びの穴があけられている。女性用のバタフライである。水田の祭りにはこれをつけて踊る行為があったとみられる。

図44 ● 井堰に投げ込まれた大壺
種籾を入れていた大壺を祭祀に転用したと考えられる。

図45 ● 井堰に残ったバタフライ
長さ10cmほどの細長い台形状で、表面は赤く彩られている。

3　広がる中期の水田

さらに西側の湿地へ

前期後半から中期になると、古諸岡川はほとんど埋まり、本流の流路をさらに西側に変更したと考えられる。川幅が約一〇メートルになってしまうが、西側沖積地全体の幹線水路としての役割を担うようになる。これにともない水田は古諸岡川を越え、さらに西側にも広がっていった。

水田は湿地であったと考えられ、畦畔は杭や矢板で土留めがされている（図46）。こうした湿地を開発したのは、前期末には開田できる場所はほとんど開田され、残ったのは湿地など条件の悪いところであったからと考えられる。

量産された杭と矢板

土留めするために杭や矢板を多量に使用するとなると、杭、矢板をつくるための道具が必要になって

図46 ● 中期の水田の杭・矢板列・横木
時期の異なった畦畔が重なり合っていると考えられるが、地下水に浸かっている部分だけが残っているので、異なる時期の杭・矢板列が同一面に並んでいる。

くる。それに答えるように、福岡市の西部、今宿《いまじゅく》今山《いまやま》に、樹木の伐採具である太形蛤刃石斧の製作所が出現する（図47）。今山は今津《いまづ》湾の入り口にそびえる独立した山で、本来は二瘤ラクダのように鞍部をはさんで頂部が南北二カ所にあったが、北側は削られてなくなり、現在は宅地となっている。

産出する玄武岩を用いた石斧製作は山のいたるところでおこなわれていたが、もっとも顕著なのは山麓部である。そこでは石斧製作で生じた石片が厚さ一メートル以上も堆積し、そのなかに石斧の失敗品が散在している。

太形蛤刃石斧は大型で、刃部を横からみると蛤を横からみた状態によく似ていることからつけられた名前である。今山産の太形蛤刃石斧は中九州から北部九州一円に分布し、板付遺跡で出土する太形蛤刃石斧（図48）も、ほとんどが今山遺跡で製作されたものである。ただし、最後の研磨段階は今山遺跡では確認されておらず、研磨は各遺跡でおこなわれたようだ。

こうして、これらの石斧で樹木が切り倒され、杭や矢

図47 ● 今山遺跡の遠望
今宿から砂丘で結ばれている今山は、太形蛤刃石斧をつくる石斧製作所として著名。ここで製作された石斧は北部九州から中九州まで広がる。

板がつくられたわけだが、板付遺跡は沖積地のど真ん中で、樹木を得るためには山まで出かければならない。板付遺跡の人びとはどこに木材を求めたのであろうか。

弥生時代に木材の伐採をおこなったと考えられる遺跡がある。福岡市の南部に標高五六九・四メートルの油山《あぶらやま》があるが、その東麓に柏原《かしわら》遺跡群がある。旧石器時代から中世にかけての遺跡約一〇万平方メートルを発掘した。そのなかで遺構のほとんどない丘陵斜面から太形蛤刃石斧の破片や扁平片刃石斧、柱状片刃石斧の破片が点々と出土した。

この地域には弥生時代の遺跡はないので、これらの石斧は沖積地に立地する弥生人によってもたらされたと考えられる。石斧のほとんどが壊れて破片となっていることは、石斧がこの地で使用されたことを物語っている。ここで樹木が伐採されたのである。もちろん伐採された樹木がすべて杭や矢板に使用されたわけではないが、木材の必要性を考慮すれば、その大部分は杭、矢板の製作にあてられたとみて大過ないだろう。

図 48 ● **太形蛤刃石斧**
今山遺跡から出土。敲打が加えられ整形されている。
各集落で研磨が加えられれば、石斧の完成である。

4 弥生水田の特徴と継承

早期の水田

以上、板付遺跡の弥生早期から中期にかけての水田をみてきた。

早期の水田は、発掘面積が狭かったため、全体の構造を把握するに至らなかった。だが、その後広範囲に水田遺構を発掘調査した福岡市南区の野多目遺跡の事例と総合して検討することによって、早期の水田の構造を復原することができた。

早期の水田の特徴は、幹線水路に井堰が多数構築されていることである。野多目遺跡の場合は三〇メートルごとに設置されている。井堰は水路に横木を渡し、杭や矢板でとめた簡単なもので、井堰のすぐ上流には水田の水口がある。水口は取水と排水の両機能を備えている。

これらの井堰で取水される水田は一枚、多くても数枚の水田にすぎない。畦畔は土盛りであり、板付遺跡では杭はあまり打ち込まれていないが、野多目遺跡の場合は杭が多用されていた。

板付遺跡の早期の水田では、幹線水路に平行して走る溝があった。野多目遺跡でも同様の溝が検出されている。両者の遺構を合わせて考察すると、この溝の上流は上の水田の水尻に行き着き、排水溝の役割を果たしている。そして下の水田では排水溝の開口部には堰が設置され、排水を用水に切り替える優れた構造となっている。

このように弥生早期の水田構造は、取水のための井堰が多数設置されたこと、排水を用水に切り替える装置をもっていたことが大きな特徴として挙げられるのである。

引き継がれた水田構造

前期初頭の水田は、発掘区が狭いために正確に構造を把握することはできないが、幹線水路における祭祀用の土器の分布から、この段階にも約五〇メートルごとに井堰が設置されていた可能性が強い。中期もまた、約四〇メートルごとに井堰が設置され、同様の構造をもっていたことがわかった。では、このような水田はいつまで継承されるのであろうか。

　福岡平野でも水田跡の調査例はまだそう多くはない。まして幹線水路と堰、水田の排水と用水の関係がわかる例はきわ

図49 ● 三筑遺跡の水田の排水路と水尻
上：中央部に手前の水田の水尻があり、そこから排水溝が写真奥に延びている（横に延びる溝は攪乱の溝）。途中に溝をまたぐ樋が渡されていたが、溝内に落ちている。その先に、排水を取水に変える堰が設置されている。板付の水田と同じ構造である。
下：水尻。写真手前の水田から排水溝に水を落とす簡単な堰がつくられている。

めて少ないが、板付遺跡の南、上流部に位置する博多区の三筑《さんちく》遺跡で、五世紀代〜中世の水田遺跡が発掘されている（図49）。

幹線水路はやや蛇行しながら北東に流れをとり、断面はU字形、幅は上流部の南端で五メートル、深さ一メートル、徐々に大きくなり下流の北東端で幅一〇メートル、深さ三メートルになっている。水路にはほぼ三〇メートルごとに堰が設置されている。また、同一場所で井堰が三度にわたってつくり直されている。

水田は土盛りの畦畔をもち、水田一区画は比較的小さい。取水のための水口と排水のための水尻が完全に分離している。また、水口には砂の侵入を防ぐために杭列を打ち込み、小さな池状の穴を掘り込み、底に肥料などを入れ、水で水田に拡散させる置簾《おきす》がつくられるなど、新しい工夫もみられる。

水尻には出口の両側に杭を打ち込み、丸木棒を数本を渡して堰をつくっている。水尻から水田の間に排水溝が掘り込まれている。排水溝の長さは二〇メートルで、幹線水路と合流する。排水溝の途中には大きな丸太を渡し杭で止めた堰がつくられ、左岸の水田の用水に切り替えている。また右岸の水田からは左岸の水田に樋が渡され、水が流されている。

以上、三筑遺跡の五世紀代〜中世の水田は、弥生早期の構造がより機能的に展開されているが、構造的にはまったく同じである。福岡平野では最初に伝播した水田構造が古墳時代まで継承されていて、大きな変化をみせていない。きわめて注目されることである。

第４章　最古の首長墓

１　幻の墳丘墓

謎の空白部

板付の北台地では、貯蔵穴群がたくさんみつかったことは第２章で述べた。ここでは墓もたくさんみつかっている（図50）。

この墓地は規模や時期から環濠に対応する共同墓地とみられる。そして北端部に、遺構のまったくない一二×一二メートル以上の方形の空白地帯が存在する。貯蔵穴と墓坑は明らかにこの空白部を意識した分布を示している。この空白部分は何であろうか。

先述したように、前期前葉の貯蔵穴がこの空白部のまわりに、さらに空白帯を設けるように分布し、その空白帯には木棺墓をはじめ土坑墓、甕棺墓を主体に分布することを考慮すれば、この空白部にも墓の存在が考えられ、盛り土をもっていた可能性が高いことから、この墓は墳丘墓であったとみられる。

　そして、ここに埋葬された人びとは、板付の台地に環濠を掘削し、周辺の開拓を指導した首長層であったと推測される。墳丘の高さを知ることはできないが、この地は板付台地の北端、眼下に御笠川と那珂古川の合流点があり、やや下流には諸岡川の合流点もある。墳丘の上に立てば、遠く福岡平野を一望できる。福岡平野の開拓に尽力した首長層の墳墓としてふさわしい場所である。

首長墓の副葬品

　墳丘墓の構造についてはまったく知ることはできないが、最近、板付遺跡の南三キロに位置する雑餉隈《ざっしょのくま》遺跡から、同時期の首長層の墓地が調査された（図51）。

　遺構の残存状態はよくなかったが、調

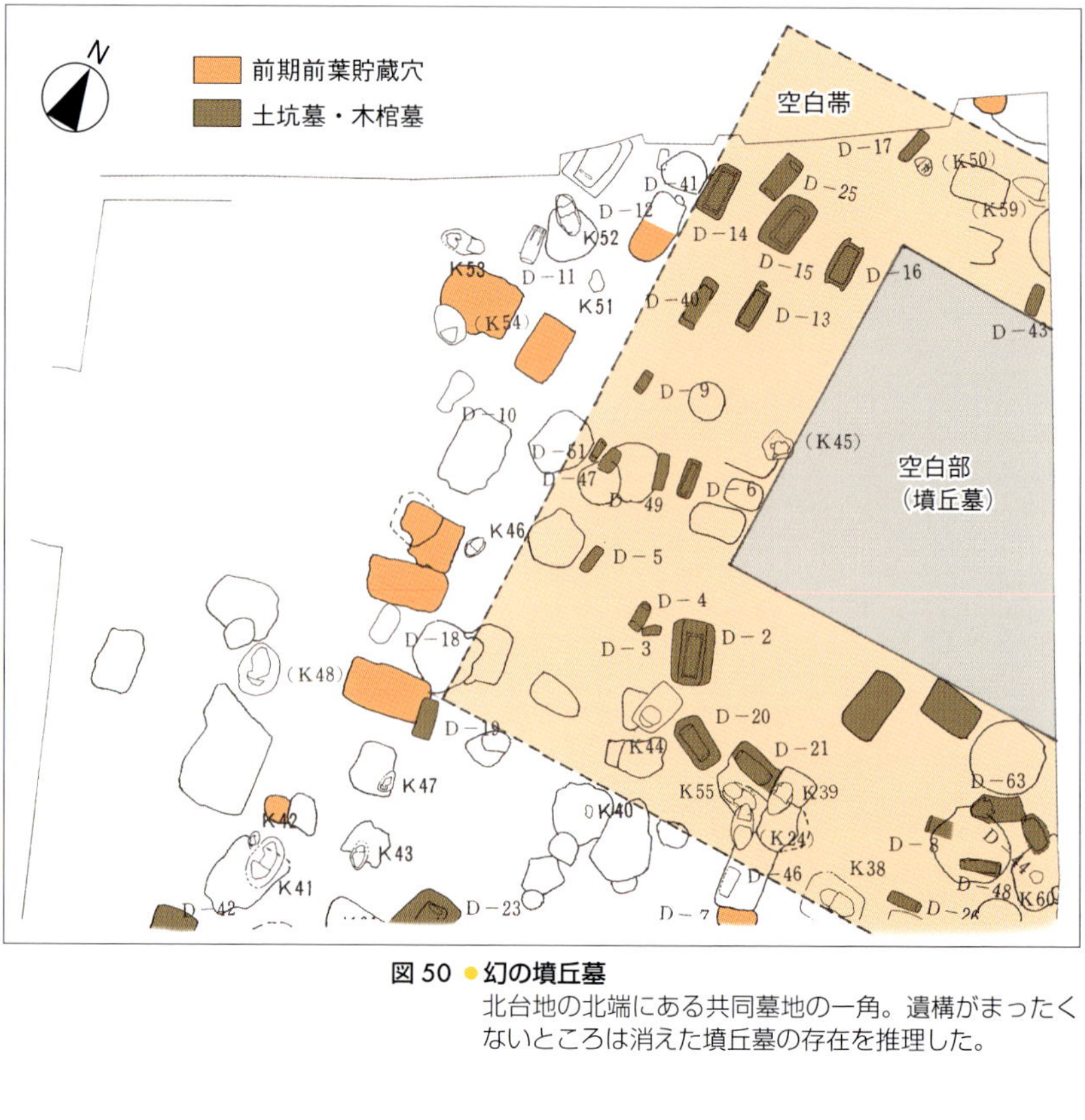

図50 ● 幻の墳丘墓
北台地の北端にある共同墓地の一角。遺構がまったくないところは消えた墳丘墓の存在を推理した。

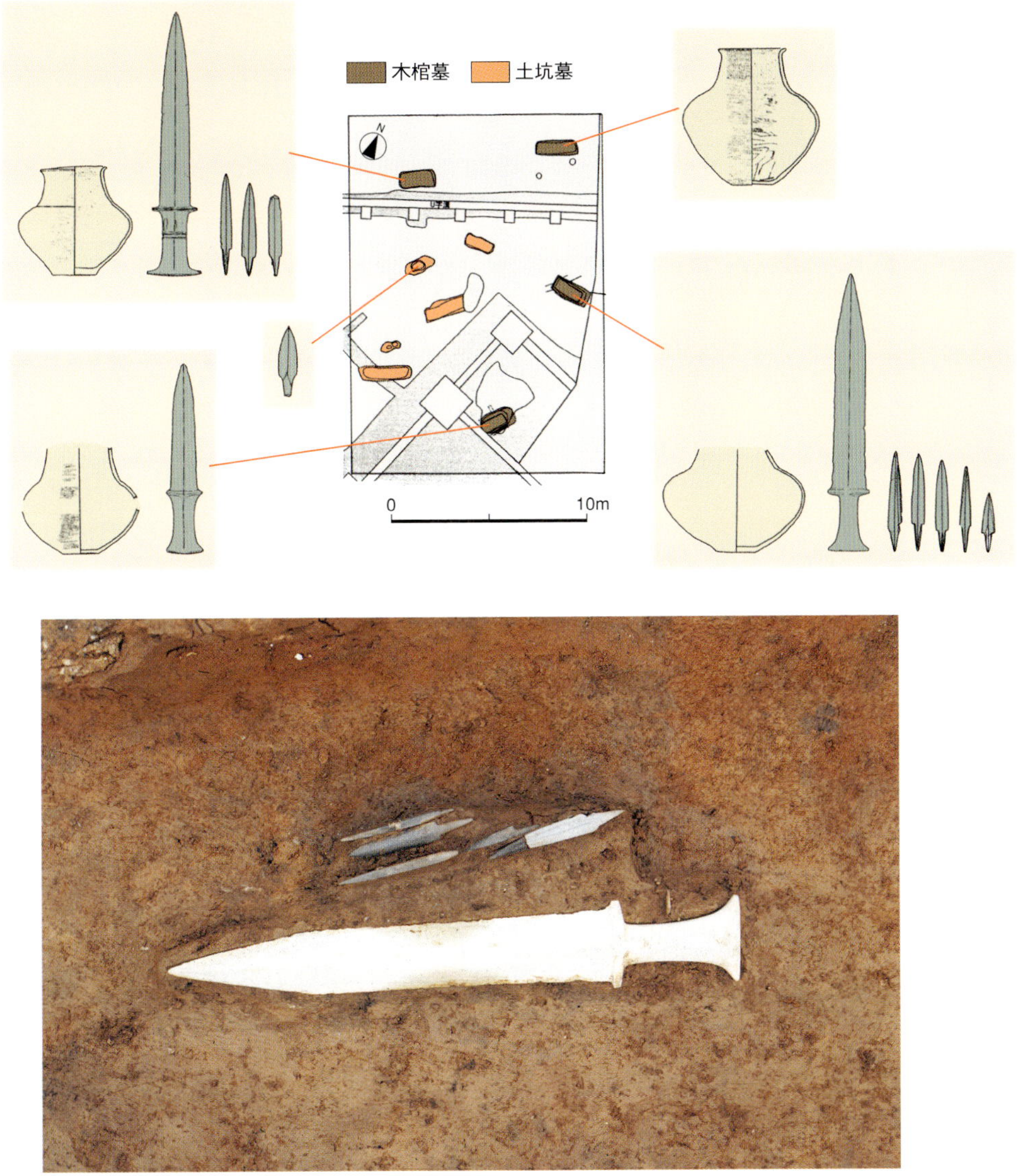

図 51 ● 雑餉隈遺跡の墓地と副葬品
上：雑餉隈遺跡からは 12m×15m の範囲に 9 基の土坑・木棺墓と考えられる遺構が確認され、そのうちの 5 基に副葬品があった。板付の幻の墳丘墓の内部はこのような状態だったかもしれない。
下：石剣・磨製石鏃の出土状態。石剣の長さ 41cm。

査区の東側で弥生時代開始期の木棺墓群が確認された。東西一二メートル×南北一五メートルの範囲に木棺墓四基、土坑墓の可能性ある土坑四基が存在する。いずれも主軸を東西にとっている。このうち四基の木棺墓と土坑から、壺形土器、有柄式《ゆうへい》磨製石剣、有茎《ゆうけい》磨製石鏃といった副葬品が出土している。この遺跡も削平されていて、墳丘があったかどうかは明らかでないが、板付遺跡の北台地に墳丘墓があったとすれば、内部主体はこのような姿だと考えられる。

2　田端墳丘墓

中山平次郎の報告

板付遺跡が福岡平野を代表する弥生時代初期の遺跡であることを端的に示すものとして、墳丘墓と考えられる墓地が過去に発見されている。第1章でみた、一九一七年の中山平次郎の報告である。

墓地が確認されたのは、板付の中央台地の南東部のもっとも東側に位置するところで、かつて地緑神社が鎮座していた。中山が現地に赴いたときにはほとんど採土も終わりに近く、周囲の地盤よりかえって低く、その一端に高さ一・二〜一・五メートル程度の小崖面が残っているにすぎなかったが、聞き書きによると「社地は元来二畝余之広さに於て田地面より一丈余の高さを保ちたる円墳状隆起として存せしが如く」であり、また注目すべきものに大石の存在がある。大石は能古石《のこいし》（能古島産の砂岩）の扁平な自然石で、大きさは長さ一八〇センチ、幅二〇

○センチ、厚さ四○センチで、「石は元来上述の矛及剣を出したる円墳状隆起の東側の地表に一面を露出し直立し居りたる由にして、隆起掘除の際石の裏面に相当する土が人工的に掘られたる形跡を示したりという他其詳細を能はざりき」としている。この大石は現在、指定地の南東の隅に立てられている。

銅剣、銅矛が出土した甕棺

そして、円墳状の隆起の除去にともない、円墳状の高まりから甕棺六基が出土し、そのうちの三基から銅剣、銅矛各三口が出土したと報告されている。このことは現時点の考古学の知見からすると、まさに、円墳状の隆起は弥生時代の墳丘墓であったと考えることができる。甕棺墓を内部主体とする弥生墳丘墓は、北部九州でも佐賀県の吉野《よしの》ケ里《がり》遺跡や福岡市の吉武高木《よしたけたかぎ》遺跡などで数基が発見されているにすぎない。貴重な報告である。

副葬品とみられる銅矛、銅剣は、いずれも細形《ほそがた》銅矛と細形銅剣とよばれているものであり、現在も国内出土品としてはもっとも古いものである。

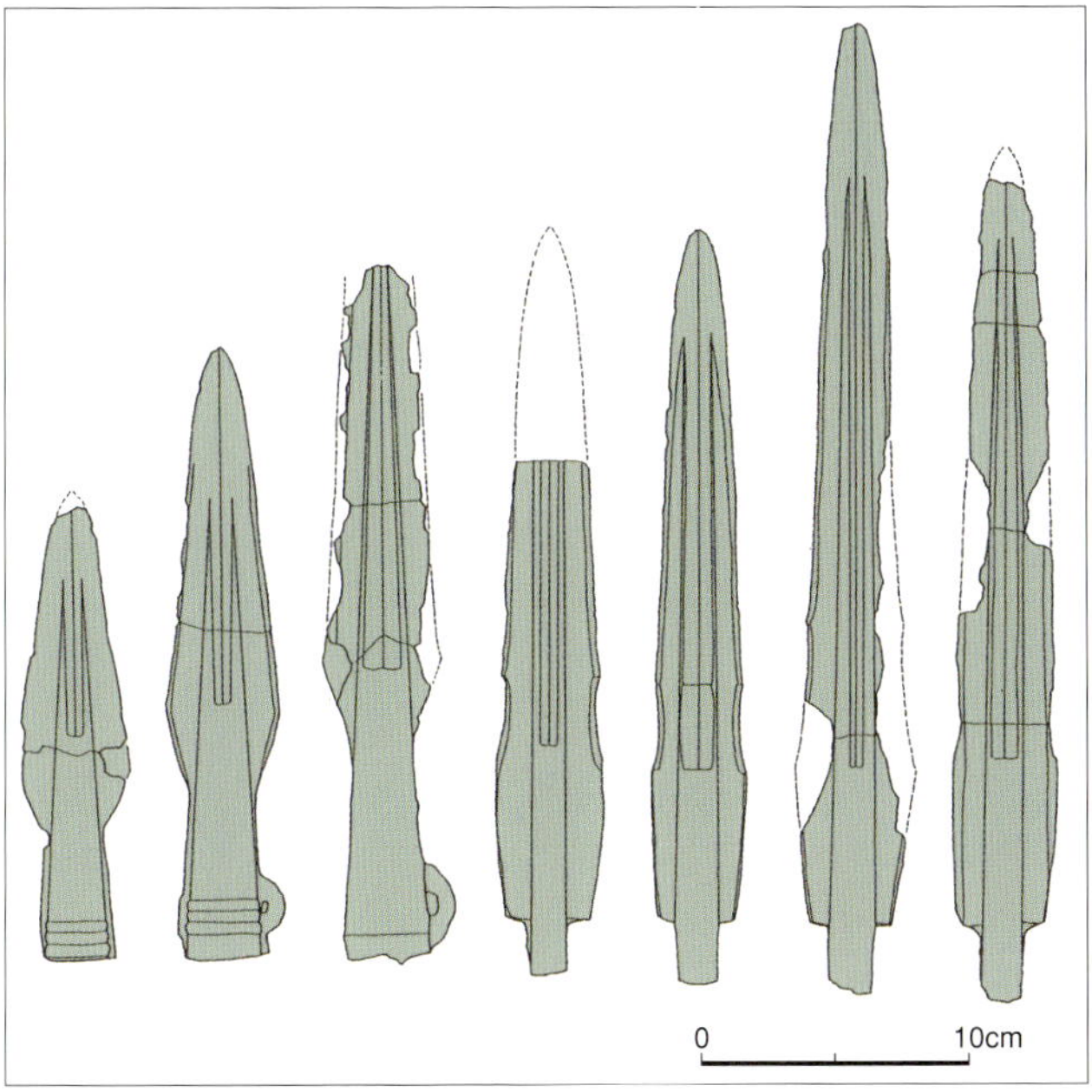

図52 ● **板付田端出土の銅剣・銅矛**
現在の所見からすると、田端は弥生時代の墳丘墓である。

図52は現在、東京国立博物館に保管されている田端出土の銅剣・銅矛の実測図である。不思議なことに銅剣が中山の報告から一口増えている。東京帝室博物館には発見の翌々年の一九一八年四月に板付区から一括寄贈された。増えた銅剣一口は別の場所に保管されていたか、何らかの事情で中山の目にふれなかったもので、元来は銅剣四口・銅矛三口が出土した可能性が強い。

これだけでは、この弥生墳丘墓の年代を決めることはできないが、幸いにも中山は、一定の特徴ある土器片を一通り採集し図示している。現在の土器型式からすると前期後半から中期後半まで含まれているが、この弥生墳丘墓の内部主体の甕棺として使用されたのは、現在では弥生前期末~中期初頭に位置づけられている金海《きんかい》式甕棺として型式設定されている土器である。中山は、朱および銅錆の混じった土塊が固着した破片を採集しているので、この種の甕棺が青銅器を副葬した甕棺の一つであったことは疑いない。

以上から、板付遺跡において、前期末の段階に青銅器を副葬し、墳丘に埋葬された有力者が出現していることを知ることができるのである。

3　子供墓

子供墓だけで構成される墓地

墳丘墓も含めて板付の台地には六カ所の墓地がある。これらの墓地のなかで注目されるのは、子供墓だけで構成される墓地が二カ所あることである。一カ所は環濠の北側中央部に接して分布する墓地で、もう一カ所は前述の墓地よりさらに北に約二〇メートル離れて存在する墓地である。子供墓はさらに北側の共同墓地にも、成人墓と混在した状態でも存在している。同じ集落のなかにあって、このように子供の墓が異なるのはどうしてであろうか。

選ばれた子供

環濠の北側、環濠と弦状濠が交わる地点の環濠より五メートル離れて、円弧を描くように径七メートルの範囲に、七基の子供用甕棺から構成された小さな墓地である。土坑墓や木棺墓のような時期不明の墓を除けば、板付遺跡ではもっとも古い甕棺墓地である。

いずれの甕棺墓も削平により遺存状態はきわめて悪く、上甕、下甕の一部を残すにすぎないが、三号墓に一個、六号墓に二個の小壺が副葬され、四号墓から碧《へき》玉《ぎょく》製管玉《くだたま》一個、五号墓から碧玉製管玉二個が出土している（図53）。

七基の甕棺墓の内、四基に副葬品をもっていることになるが、弥生時代の墳墓に副葬品があることはきわめて稀なことである。ことに子供墓ではめずらしい。

図 53 ● 管玉を副葬した子供墓
環濠に隣接している子供墓で、７基中４基に副葬品があった。
将来、板付のリーダーになる子供だったのだろうか。

それが集中することは、ここに埋葬された子供たちは有力者の子供、あるいは選ばれた子供であったと推定することもできる。

狭い範囲に集中して存在すること、地山の等高線がこの部分を意識したように張り出すこと、また隣接する中期、後期の住居址の遺存状態が比較的良好にもかかわらず、甕棺墓の遺存状態がきわめて悪いことなどを加味すると、低い墳丘をもっていた可能性もある。

図 54 ● 切っ先が残る甕棺
成人用とみられる甕棺で、人体に刺さっていた。この墓地は小児や不慮の死を遂げた人の再生を願ったとみられる。

再生を願った子供

もう一方の子供墓は、前述の子供墓より北西に約四〇メートルはなれたところにある。土坑墓、木棺墓、甕棺墓の計六七基より構成される。西側に離れて存在する三基は成人用の甕棺が使用されているが、まわりの状況からすれば子供が埋葬された可能性が高い。

これら子供墓のうちの一基より石剣の切っ先一点が出土している（図54）。青銅製や石製の武器の切っ先が墓から出土する例は、北部九州を中心に一〇〇例ほどが知られている。なかには人骨が遺存していて、切っ先が骨に刺さったまま出土する例もある。

切っ先が残っている墓は、武器で刺されたのが原因で死亡した人の墓とみられており、不慮の死を遂げたのである。いまだ成人せず、なおかつ不慮の死を遂げた子供が埋葬された墓地とみられる。それゆえに再生の願いはより強かったと考えられる。このような子供墓は筑紫野市常松《つねまつ》遺跡や島根県古浦《こうら》遺跡にみることができる。

4　多様な墓の形態

弥生時代の墓の形態は変化に富んでいる。板付遺跡に限っても木棺墓・土坑墓・甕棺墓の三形態の墓が存在している。これらは墓内部の形態だが、これに地上の墓の形態を加味するとかなり複雑になる。弥生時代開始期の墓を概観してみよう（図55）。

まず農耕が伝播した最初の墓は支石墓《しせきぼ》である。大きな石を小さな石で支えた地上標識をもった墓で、内部は箱式石棺・甕棺・木棺・土坑と多彩であるが、地域によって異なる。支石墓の分布は、現時点では糸島半島・早良平野より西側の西北九州に濃密な分布を示している。

木棺は福岡平野を中心に分布がみられ、棺の組み合わせ方に違いがみられる。

甕棺は縄文時代からみられるが、弥生早期から前期前半は壺形土器が主体で、後半にかけて壺が変化し、大型の成人用甕棺が成立し、弥生時代の墓の主流を占めるようになる。

宗像地域では、木棺のまわりに石材を積み石室状にした墓も出現する。前期後半には地上標識として長方形に石を組んだ遺構も出現する。

しかし、畿内にみられる方形周溝墓は、九州ではみられない。どうして弥生時代の墓は多様で、移り変わりが激しいかは、今後の検討が必要だが、墓の多様性は弥生時代開始期の複雑な様相を示しているとみることができる。

図 55 ● **弥生時代の多様な墓**
上：支石墓（長崎県里田原遺跡）は、墓の標識として西北九州を中心に分布。内部主体は石棺・土坑・甕棺・木棺など。中：甕棺墓。下：木棺墓。中・下は板付遺跡。

第5章　弥生文化の拡大

1　水稲農耕の定着

急激に広がる突帯文土器遺跡

北部九州において刻目突帯文土器の単純層が発見されたのは、板付遺跡における水田の調査が最初である。それまでは、弥生時代初頭の土器とされていた板付Ⅰ式土器に共伴して、縄文時代終末期の夜臼式土器とよばれた刻目突帯文土器が出土することが知られていた。それらの土器を出土する遺跡は板付遺跡をはじめとして、夜臼遺跡、春住遺跡、有田遺跡、長浜貝塚等、数遺跡にすぎなかった。

一九七〇年からはじまった緊急調査の急増によって、これまで知られていなかった遺跡が多数発見された。福岡平野や早良平野・粕屋《かすや》平野も例外ではなく、現在、刻目突帯文土器を出土する遺跡は一〇〇カ所を超えている。弥生早期の遺跡も、江辻《えつじ》第4地点、雀居、野多目、有田

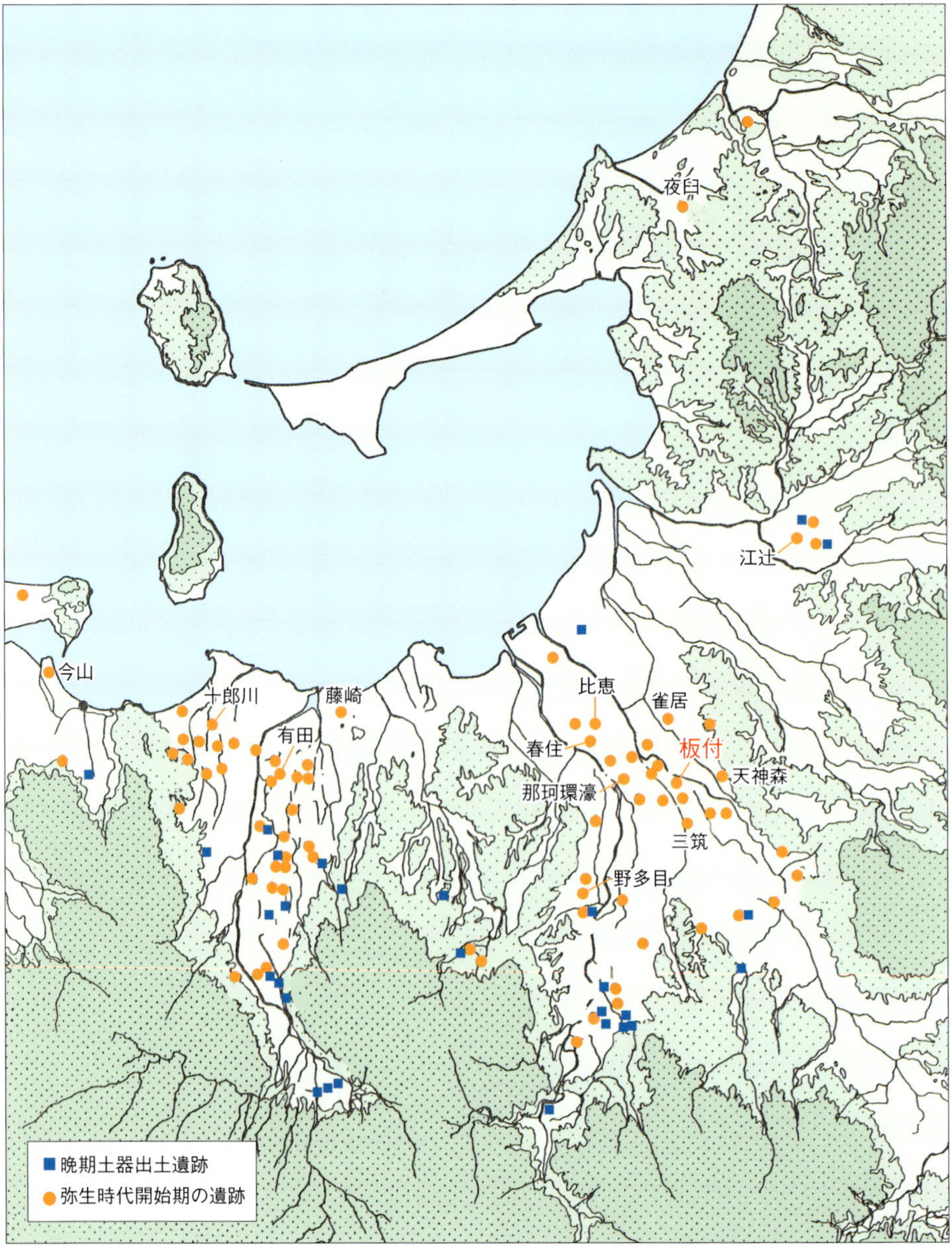

図 56 ● 福岡・早良平野における弥生時代開始期の遺跡分布
福岡・早良平野の弥生時代開始期の遺跡は突如として沖積地に出現し、遺跡数も急激に増加する。

七田前《しちたのまえ》、十郎川《じゅうろうがわ》、橋本一丁田遺跡などで確認されている（図56）。

これらの遺跡は沖積地の中位段丘面や自然堤防上に立地していて、水稲農耕との強い結びつきを示している。発掘された遺構も水路などの水田に関連したものが多い。ちなみに、明治の中ごろに作成された地図に遺跡の分布を重ね合わせると、明治中ごろの農村集落と遺跡が完全に重なり合う。このことは、弥生時代の開始期には、平野部における開田状況が想像以上に進んでいたことを示唆している。

この状況を担っているのは刻目突帯文土器の人びとであり、やや遅れて出現する板付Ⅰ式土器の人びとではない。出土土器も主体となるのは刻目突帯文土器で、板付Ⅰ式土器が主体を占めるのは板付遺跡のみである。

2　弥生文化の拡大

東に拡大する弥生文化

北部九州に水稲農耕が定着してから、あまり時期を置かずして、弥生文化は主に東に拡大していく。ここで問題になるのが、東に伝播する文化が北部九州で醸成されたものか、あるいは渡来人が北部九州を経由して東を志向したのかである。いずれの場合であったかの検討が必要であろう。前期段階の北部九州と北部九州以東の文化を比較したとき、墳墓の違い、水田構造の違い、石包丁の違い（九州は外湾刃であるのに対し、東では直線刃である）、彩文土器の文様の違いなど多くの相違点があるので、単純に決めるわけにはいかない。

東への伝播は陸路ではなく、海路が大きな力をもっていたと考えられる。そのルートとしては、①北部九州から日本海沿岸を北上するルート、②北部九州から関門海峡を抜けて瀬戸内海を通り、畿内に達するルート、③北部九州から関門海峡を抜けて、さらに南下して豊後水道を抜け、高知平野に達するルートの三ルートが考えられる（図57）。

このルートに乗って、条件の整った平野に拠点を置きながら、間隔をおいて伝播していったので、そのスピードは速い。各地域では、拠点集落（環濠集落である場合が多い）を核にして拡散し、地域的変容を果たすために地域の特徴が顕著で、その解明は今後の研究課題の一つであろう。

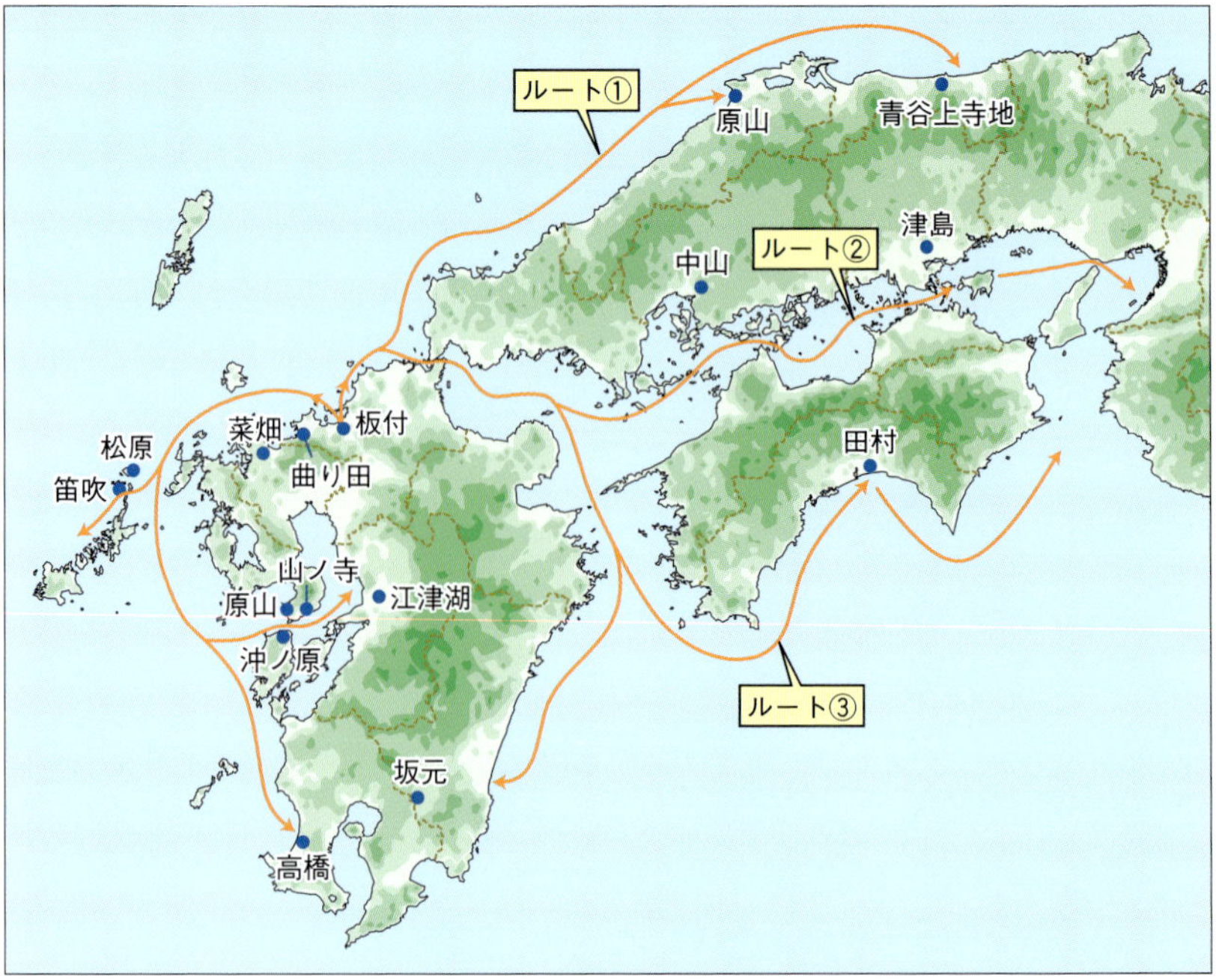

図57 ● 弥生文化伝播の3つの想定コース
北部九州から東に拡大するルートは、日本海を北上するルート、瀬戸内海を通り畿内に達するルート、さらに周防灘で分岐して南下し高知に至るルートがある。

伝播の軌跡が追える遺物に、土器や石器以外に、漁撈具がある。縄文時代前期以降に西北九州で展開する西北九州型結合式釣針は、弥生時代になると日本海側を東進し、鳥取県の青谷上《あおやかみ》寺地《じち》遺跡まで至っている。その支流が瀬戸内海にもおよんだと考えられ、この地域に展開する真菰谷《まこもだに》型結合式釣針は、西北九州に展開した側面交差方から発展したと考えられる釣針である。

このような漁撈具の伝播は、弥生文化の伝播に西北九州から北部九州にかけての漁撈民が大きく関わっていたことを示している。

なお、これらの伝播ルートは、後には北部九州と伝播地との交流ルートとしての役割を担うようになる。このルートに乗って北部九州にもたらされるのが翡翠《ひすい》の玉《ぎょく》類で、前期後半から中期の埋葬施設に盛んに副葬されるようになる。

九州南部に拡大する弥生文化

九州南部への弥生文化の伝播は、陸路と海路の両者が役割を果たしている。

陸路で伝播する地域は北部九州に近い範囲、福岡県を中心に佐賀県、大分県、熊本県の北部、長崎県東部で、後の甕棺墓の分布範囲の地域である。これらの地域には急速に広がったというよりも、徐々に一歩一歩確実に定着しながら拡大していったことが遺跡から読みとることができる。

有明海でその拡大の様相をみると、熊本平野の南側、宇土《うと》半島基部には前期末〜中期初頭に弥生文化の定着がみられる。このように弥生文化の拡大にともない流通範囲を拡大したのが、樹木の伐採具である今山産の太形蛤刃石斧である。

そうはいいながらも、それらに先行して早期の段階に島原半島や熊本平野の北部に関与した人びとの存在がある。島原半島では山ノ寺遺跡や原山遺跡が、熊本平野では江津湖《えづこ》遺跡群がその代表的な遺跡である。島原半島は沖積地が少なく、火山灰の扇状地が優越した地域であり、熊本平野北部も河川が大きく、河川を制御することができず、開田が湧水地周辺に限られたので、大きな発展はみられない。

島原半島、宇土半島より南は海路によったと考えられる。北部九州から西に向かい、さらに九州西岸を南進するわけだが、その一部は五島列島に向かう。宇久松原《うくまつばら》遺跡や小値賀島《おじかじま》の笛吹遺跡の前期前半から後半にかけての甕棺や副葬小壺は、北部九州からもたらされたものであり、その関係の深さを示している。半島からの伝播のルートを示しているのかもしれない。一方、西岸を南下するルートは最初に天草諸島に最初の足跡を残している。天草下島の沖ノ原遺跡では前期後半の墓地に北部九州から搬入された小壺が副葬されているが、可耕地がないために後に継続していない。八代（不知火）海の南端に位置する出水平野でも、刻目突帯文土器や前期弥生土器が散見され、今後拠点集落が確認される可能性がある。

南九州で確実に拠点集落と考えられるのは、薩摩半島の西岸に位置する高橋貝塚である。高橋貝塚からは、やや後出する刻目突帯文土器に前期土器が共伴し、それ以降中期まで存続している。前期にともなう石器類は北部九州にあるものがほとんど揃っている。注目されるのはゴホウラ製腕輪、同未製品が存在することである（図58）。近接する下小路《しもしょうじ》遺跡からは中期の成人用甕棺が出土し、内部からゴホウラ製腕輪を着装した人骨が検出され、沖積地を隔てた下原《しもばる》遺跡からは刻目突帯文土器にともなう丹塗り磨研の大壺が出土し、この地域が南九州における拠点であったことを示している。

九州西海岸を南下する伝播ルートは、高橋貝塚のゴホウラ製品、未製品に象徴されるように、すぐに南島との交流ルートに変容し、北部九州に腕輪の原材料である南島産貝類や成品を搬入している。

前節で述べた③のルートの一部は、東九州の伝播ルートになる。大分、宮崎両県の東海岸には点々と弥生時代開始期の遺跡が散在しているが、拠点となるような遺跡は現在のところ確認されていない。

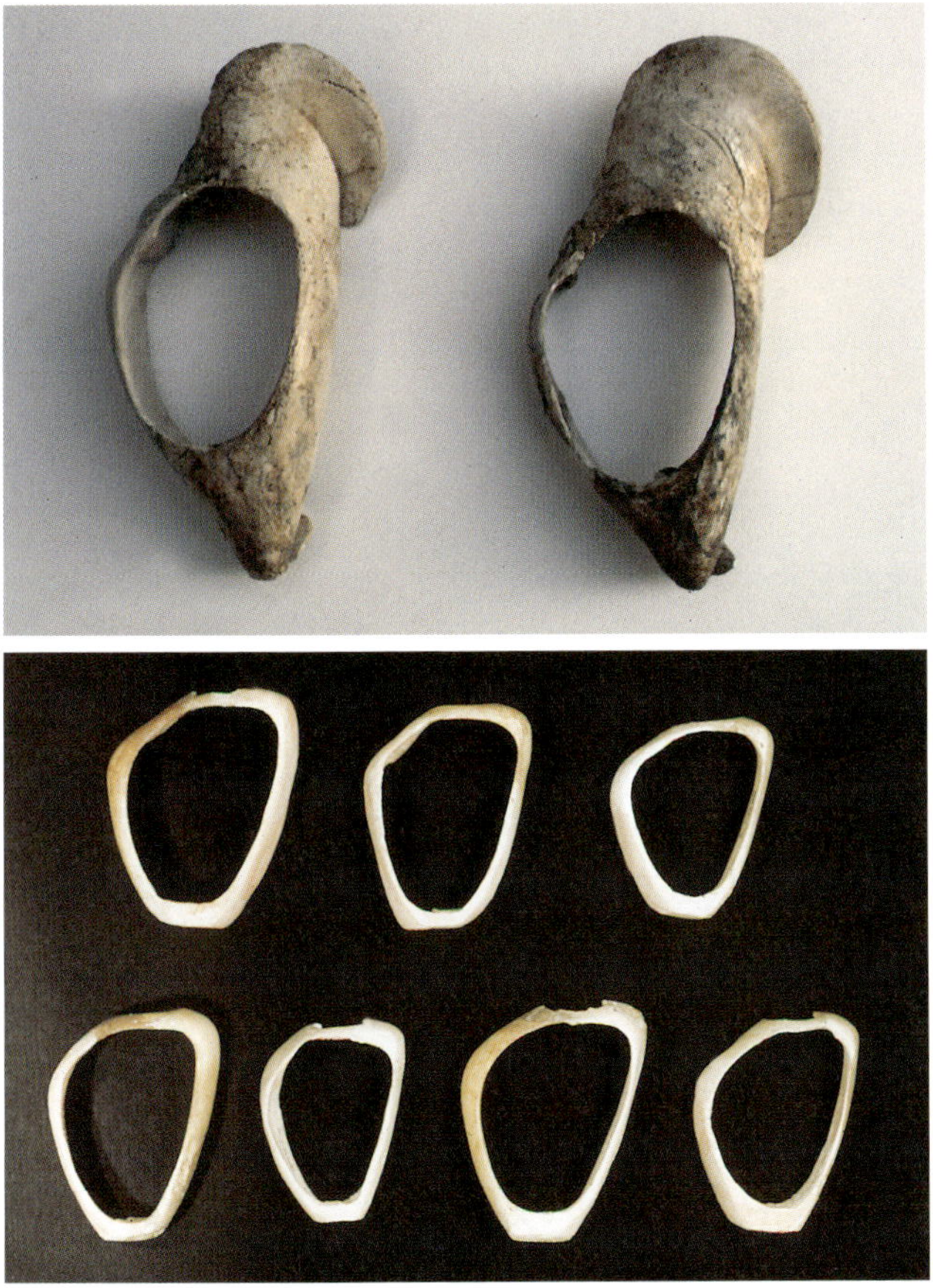

図58 ● ゴホウラの腕輪
弥生文化が南に拡大するにしたがって、南海産のゴホウラやイモガイ製の腕輪がとり込まれる。ゴホウラは男性、イモガイは女性が着装していた。時期ごとに形が変化している。
上：金隈型（金隈遺跡）、下：諸岡型（諸岡遺跡）。

強いてあげるとすれば、宮崎県億木遺跡があるが、遺跡自体が墓地であるため実体は明らかでない。しかし、宮崎県都城市坂元A遺跡では刻目突帯文土器の時期の水田が確認されていて、水稲農耕の伝播が早いことが指摘できる。今後に期待したい。

3 板付弥生のムラ

板付遺跡の整備は、一九七三年に「板付遺跡調査事務所」を設置し、史跡指定に先駆けて遺跡の公有化をはじめ、七六年に国史跡に指定された。八八年には「板付遺跡調査整備委員会」を発足させ、八九年から六年にかけて整備をおこない、九五年、「板付弥生のムラ」として開園した（図15参照）。

台地上には環濠が掘削され、環濠の両側に土塁が復原されている。環濠のなかには中央部に広場ができるように、土塁に沿って竪穴住居一二棟を復原した。一〇棟は江辻遺跡の例から円形で、炉の両側に二本柱をもった松菊里型に、二棟は諸岡遺跡の方形で四本柱の住居をつくっている。貯蔵穴は二〇基、内訳は円形の貯蔵穴一二基、方形の貯蔵穴八基を復原、弦状濠に囲まれた部分に七基、住居の近くに一三基を配置している。墓地は環濠の北西部に近接する子供墓を復原、露出展示している。また、一九一六年に発見された墳丘墓の上に立てられていた大石は、指定地のなかで墳丘墓に近いところに移築している。

沖積地には幹線水路と水口、水田の一部が復原され、沖積地の西側にはガイダンス施設として「板付遺跡弥生館」を設置している。

これで一応、想像される弥生時代の板付ムラの復原はできたが、問題は活動である。「みんなでムラをつくりましょう」というコンセプトで、板付弥生教室で自然に親しみ、ムラ人養成講座では「土器づくり」や「貫頭衣を織る」で弥生時代の技術を学んでいる。講座や教室の参加者は板付弥生のムラのムラ人として、見学者とともに自分たちのムラづくりに活躍する。

ムラ祭りを年二回開催している。田植えの時期は「田植え祭り」で、板付北小学校の子供たちと市民のみなさんとで田植え作業をする。秋の実りの時期は「収穫祭り」で（図59）、弥生人のパレード、石包丁での穂摘み実験、用水路の祭祀、昔の農具を使って脱穀や精米作業、布織りや藁細工の実演、板付弥生のムラ大賞の表彰式、弥生食の試食や餅つき、餅まきなど一日中にぎやかである。

このような活動を通じて、地域が活性化して、より文化財の保護が進むように願っている。

図 59 ●「収穫祭り」で石包丁を使った穂摘み実験
秋の実りを収穫するのは子供たちにとって
初めての体験。真剣に取り組んでいる。

参考文献

中山平次郎「銅矛銅剣の新資料」『考古学雑誌』七―七、一九一七年
森貞次郎・岡崎敬「福岡県板付遺跡」『日本農耕文化の生成』東京堂出版、一九六一年
杉原荘介「環濠集落板付遺跡」『日本考古学協会第三五回総会研究発表要旨』一九六九年
杉原荘介「福岡県板付遺跡における昭和四三年・四四年度の調査」『案山子』第四号、一九七〇年
杉原荘介『日本農耕社会の形成』吉川弘文館、一九七七年
下條信行『福岡市板付遺跡調査報告』福岡市埋蔵文化財調査報告書第八集、一九七〇年
後藤直・沢皇臣・山口譲治・横山邦継編『板付―市営住宅建設に伴う発掘調査報告書（一九七一～一九七四）』福岡市埋蔵文化財調査報告書第三五集、一九七六年
沢皇臣・横山邦継編『板付―県道五〇五号線新設改良に伴う発掘調査報告書』福岡市埋蔵文化財調査報告書第三九集、一九七七年
沢皇臣編『板付―県道五〇五号線新設改良に伴う発掘調査報告書（2）』福岡市埋蔵文化財調査報告書第四八集、一九七八年
笠原安夫「古代遺跡の発掘植物とくに種子からみた利用植物と農耕形態の復元」『自然科学の手法による遺跡古文化財等の研究』一九七九年
山崎純男「弥生文化成立期における土器の編年的研究―板付遺跡を中心としてみた福岡・早良平野の場合」『鏡山猛先生古希記念・古文化論考』一九八〇年
山崎純男編『三筑・次郎丸高石遺跡』福岡市埋蔵文化財調査報告書第六九集、一九八一年
山口譲治編『板付―板付会館建設に伴う発掘調査報告書』福岡市埋蔵文化財調査報告書第七三集、一九八一年
山崎純男「福岡市板付遺跡の成立と展開」『歴史公論』八―一、一九八二年
山崎純男「北部九州における初期水田―開田地の選択と水田構造の検討」『九州文化史研究所紀要』三二、一九八七年
二宮忠司編『国史跡板付遺跡環境整備報告書』福岡市埋蔵文化財調査報告書第三一四集、一九九二年
山崎純男・二宮忠司・力武卓治『環境整備遺構確認調査―板付遺跡』福岡市埋蔵文化財調査報告書第四一〇集、一九九五年
力武卓治『史跡板付遺跡環境整備報告』福岡市埋蔵文化財調査報告書第四三九集、一九九五年
福岡市教育委員会『板付周辺遺跡調査報告書』一～二五集、福岡市埋蔵文化財調査報告書第二九・三一・三六・三八・四九・五七・六五・八三・九八・一一五・一三五・一五四・一七一・二〇六・二一〇・三六二・四九四・五三九・五六七・六〇一・六四〇・六八〇・七一六～七一八集、一九七四～二〇〇二年

国史跡　板付遺跡

・福岡市博多区板付3―21―1
・交通　JR博多駅前の博多駅交通センター13番のりば、40系統で「板付団地第二」下車、徒歩3分。
一九七六年に国史跡に指定され、九五年に史跡公園「板付弥生のムラ」として開園。台地上には弥生前期初頭の環濠集落が、また沖積地には幹線水路と水口、水田の一部が復原されている。

板付遺跡弥生館

・福岡市博多区板付3―21―1
・電話　092（592）4936
・開館時間　9：00～17：00（入館は16：30まで）
・休館日　年末年始
・入館料　無料
沖積地の西側に建てられた遺跡のガイダンス施設で、板付遺跡の模型と大型スクリーンで板付遺跡の概要を解説する。展示では、出土遺物や復元された木製品などから、春夏秋冬の季節ごとに板付弥生村の人びとがどんな道具を使っていたのか、どんな生活をしていたのかがわかるよう工夫されている。

板付遺跡弥生館

福岡市博物館

・福岡市早良区百道浜3―1―1
・電話　092（845）5011
・開館時間　9：30～17：30（入館は17：00まで）7・8月は日・祝日を除き19：30（入館は19：00）
・休館日　月曜（休日の場合は翌日）、年末年始
・入館料　常設展示＝大人200円、高・大生150円、小・中生無料
・市営地下鉄西新駅下車、徒歩15分
「常設・総合展示」のなかに「奴国の時代」コーナーがあり、「稲作の始まり」として、板付遺跡および周辺遺跡の出土遺物の展示と解説をしている。

福岡市埋蔵文化財センター

・福岡市博多区井相田2―1―94
・電話　092（571）2921
・開館時間　9：00～17：00（入館は16：30まで）
・休館日　月曜、年末年始
・入館料　無料
・板付遺跡から徒歩15分。博多駅交通センター12番のりば、雑餉隈営業所行約30分、「板付中学校前（埋蔵文化財センター前）」下車すぐ。
常設展示に「奴国の時代」に関するテーマ展示があり、板付遺跡の理解を深めることができる。

刊行にあたって

「遺跡には感動がある」。これが本企画のキーワードです。

あらためていうまでもなく、専門の研究者にとっては遺跡の発掘こそ考古学の基礎をなす基本的な手段です。また、はじめて考古学を学ぶ若い学生や一般の人びとにとって「遺跡は教室」です。

日本考古学では、もうかなり長期間にわたって、発掘・発見ブームが続いています。そして、毎年厖大な数の発掘調査報告書が、主として開発のための事前発掘を担当する埋蔵文化財行政機関や地方自治体などによって刊行されています。そこには専門研究者でさえ完全には把握できないほどの情報や記録が満ちあふれています。しかし、その遺跡の発掘によってどんな学問的成果が得られたのか、その遺跡やそこから出た文化財が古い時代の歴史を知るためにいかなる意義をもつのかなどといった点を、莫大な記述・記録の中から読みとることははなはだ困難です。ましてや、考古学に関心をもつ一般の社会人にとっては、刊行部数が少なく、数があっても高価なその報告書を手にすることすら、ほとんど困難といってよい状況です。

いま日本考古学は過多ともいえる資料と情報量の中で、考古学とはどんな学問か、また遺跡の発掘から何を求め、何を明らかにすべきかといった「哲学」と「指針」が必要な時期にいたっていると認識します。

本企画は「遺跡には感動がある」をキーワードとして、発掘の原点から考古学の本質を問い続ける試みとして、日本考古学が存続する限り、永く継続すべき企画と決意しています。いまや、考古学にすべての人びとの感動を引きつけることが、日本考古学の存立基盤を固めるために、欠かせない努力目標の一つです。必ずや研究者のみならず、多くの市民の共感をいただけるものと信じて疑いません。

監　修　戸沢　充則

編集委員　勅使河原彰　小野　昭　小野　正敏　石川日出志　小澤　毅　佐々木憲一

著者紹介

山崎純男（やまさき・すみお）

1946年、熊本県生まれ
別府大学文学部史学科（考古学専攻）卒業　文学博士
福岡市教育委員会文化財部埋蔵文化財課長・文化財部長を経て、現在、福岡市教育委員会文化財部専門調査員。板付遺跡、鴻臚館跡、海の中道遺跡、柏原遺跡群など福岡市内の多数の遺跡を調査。
主な著作　「弥生文化の開始—北部九州を中心に—」『弥生時代はどう変わるか』（学生社、2007年）、「西日本縄文農耕論」『韓・日新石器時代の農耕問題』（2006年）、「西日本の縄文後・晩期の農耕再論」『朝鮮半島と日本の総合交流に関する総合学術調査—平成14年度成果報告』（2003年）等多数。

写真提供・図版出典
図1〜3・5・6・8・11・13〜16・19〜27・29〜34・36・38〜49・51（下）・53〜55（中・下）・58・59：福岡市教育委員会文化財部管理課および埋蔵文化財センター
図7：日本考古学協会編『日本農耕文化の生成』東京堂出版
図17：宗像市教育委員会『光岡長尾Ⅰ』
図18・50・51（上）・52：福岡市報告書（一部改変）
上記以外は著者

シリーズ「遺跡を学ぶ」048
最古の農村・板付《いたづけ》遺跡

2008年 7月15日　第1版第1刷発行

著　者＝山崎純男
発行者＝株式会社 新 泉 社
東京都文京区本郷2-5-12
振替・00170-4-160936番　TEL03（3815）1662／FAX03（3815）1422
印刷／萩原印刷　製本／榎本製本

ISBN978-4-7877-0838-0　C1021